职业教育汽车运用与维修专业系列教材

汽车文化

主　编　李国君　王　勇　欧吉伟
副主编　邓秋雅　黄彩丽
参　编　黄智珉　谢河周　陀阳芳
主　审　刘艳飞

北京理工大学出版社
BEIJING INSTITUTE OF TECHNOLOGY PRESS

内 容 简 介

本书涵盖了汽车从起源到全球化发展的历程。主要内容包括汽车的前世今生、世界汽车品牌、中国汽车民族品牌、汽车设计、汽车安全技术、汽车世界。每个单元都以引人入胜的经典故事和具体的车型为例，为读者呈现出生动、有趣的汽车世界。这种生动的讲解方式不仅使教学内容更加容易理解和接受，也激发出学生对汽车历史和技术的兴趣。为了促进学生主动学习，本书还为每个单元设计了复习题，这样不仅可以帮助学生巩固所学知识，提高学习效果，还可以培养学生的自主学习能力。

本书的内容丰富、生动有趣、实用性强，不仅可以作为职业院校教材，还可以供相关行业从业者使用。

图书在版编目（CIP）数据

汽车文化 / 李国君，王勇，欧吉伟主编 . -- 北京：
北京理工大学出版社，2024.7.
ISBN 978-7-5763-4365-6

Ⅰ. U46-05

中国国家版本馆 CIP 数据核字第 2024D82V83 号

责任编辑： 封 雪		**文案编辑：** 毛慧佳	
责任校对： 刘亚男		**责任印制：** 施胜娟	

出版发行 / 北京理工大学出版社有限责任公司

社　　址 / 北京市丰台区四合庄路 6 号

邮　　编 / 100070

电　　话 / （010）68914026（教材售后服务热线）

　　　　　（010）68944437（课件资源服务热线）

网　　址 / http://www.bitpress.com.cn

版印次 / 2024 年 7 月第 1 版第 1 次印刷

印　　刷 / 定州市新华印刷有限公司

开　　本 / 889 mm × 1194 mm　1/16

印　　张 / 8.5

字　　数 / 169 千字

定　　价 / 38.80 元

党的二十大报告指出："建设现代化产业体系。坚持把发展经济的着力点放在实体经济上，推进新型工业化，加快建设制造强国、质量强国、航天强国、交通强国、网络强国、数字中国。"

要建设制造强国，就离不开汽车强国的建设。对于我国而言，汽车作为国民经济的支柱产业，其涉及范围之广，产业链条之长，鲜有产业可比。

1953年，第一辆"解放牌"卡车从第一汽车制造厂成功下线，中国结束了无法自主造车的局面。人们见证了中国汽车产业从萌芽到成长的历程。

1992年，国家在钱学森的建议下开始对电动汽车进行研究与制造。例如，2001年开始实施的"十五"计划将电动汽车研究纳入"863计划"，并确定了"三纵三横"的技术研发布局，为中国新能源汽车的技术创新和产业发展奠定了基础。现在，全球汽车产业正经历百年未遇的大变革，而中国汽车产业以其独特的活力和韧性，抓住历史性、战略性机遇，在新能源汽车赛道上勇往直前。

本书具有以下特点：

1. 内容丰富：本书的内容涵盖了汽车的由来、世界各国汽车品牌、中国民族汽车品牌、新能源汽车、汽车外形设计、汽车色彩、汽车安全、赛车运动、汽车电影、汽车广告等方面。通过学习，学生能够全面了解汽车文化的内涵。

2. 图文并茂：本书采用精美的图片和生动的文字，根据学生的兴趣点组织编写相关内容，旨在调动学生的学习积极性。这种方式有助于学生更好地理解和吸收知识，提高汽车鉴赏水平。

3. 注重兴趣和爱好的培养：本书不仅可以传授知识，还在培养学生对汽车的兴趣方面下功夫，通过介绍汽车名人、车标文化等引导学生热爱汽车文化，为后续专业课程的学习奠定基础。

4. 与时俱进：本书的内容紧跟时代的脚步，涉及多个国内新能源汽车品牌及车型，包括蔚来汽车、小米汽车、岚图汽车等多个新兴品牌，而且紧跟市场形势。另外，本书的内容还涉及汽车安全技术和智能网联汽车相关知识，可以帮助学生了解汽车行业的发展趋势。

本书由广西商贸技师学院李国君、广西南宁技师学院王勇、广西工贸高级技工学校欧吉伟担任主编；由广西商贸技师学院邓秋雅、广西南宁技师学院黄彩丽担任副主编；由广西商贸技师学院刘艳飞担任主审。另外，广西商贸技师学院黄智珉、平南县中等职业技术学校谢河周、苍梧县中等专业学校陀阳芳也参与了本书的编写。

由于编者水平有限，书中的疏漏之处在所难免，敬请广大读者批评指正。

编　者

目录

单元一

汽车的前世今生

自从世界上第一辆汽车问世后，汽车这种工业产品便在百余年的时间内彻底进入人们的生活。汽车将遥远的距离缩短，把人们的活动范围扩大；汽车是骏马良驹，也是移动的社会，它令世界多姿多彩，充满活力。

第一节　车的组件升级

汽车是时代变迁的产物，是生产力发展的强有力的证明。在本节中，同学们需要了解汽车诞生的相关知识。

一、车轮的出现

最早的车轮大约出现在公元前 3500 年的美索不达米亚。没有人知道最早制造车轮的工匠们的姓名。如图 1-1 所示，考古学家们在美索不达米亚挖掘出了用镶嵌物装饰的木箱，从上面的装饰画中可以清晰地看出古代双轮马拉战车的木质车轮。

图1-1 美索不达米亚木箱装饰画

早期的车轮只是将一些圆形的板和轴牢牢地钉在一起，而轴则被装到手推车上，即车轮不直接和车身相连，如图1-2所示。不久后，装有轮辐的车轮出现了。车轮滚动而行，减少了车与地面的摩擦力，既省人力，又能载运更多的重物，还可以实现长途运输。这标志着古代交通工具的发展进入了新的阶段。

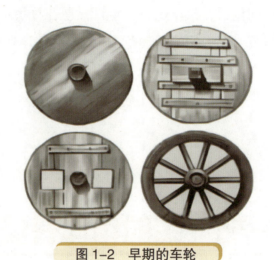

图1-2 早期的车轮

二、马车的出现

马车最初由一匹马拉着，如图1-3所示。最早出土的古代马车大约生产于公元前2000年，黑海附近大草原的几个部落带着马来到底格里斯河—幼发拉底河流域，开始让马拉着有轮子的车行走，此时的车轮已经有了轮辐，这种车轮比较轻便，易于操纵。在此后的1 000多年里，这种适合长途运输的马车成为世界各地主要的运输车辆。当然，这些马车不仅可以拉货运物，也载人远行。四轮马车将人从一个地方快速运到另一个地方，让人真切体会了快速和便利。四轮马车的优点是载运量大、运行平稳，缺点是需要在较为平坦的路面上行驶。

图 1-3　早期的马车

马车是人类历史上使用时间最长、最具影响力的陆地交通运输工具之一。

三、古代的车

1. 中国最早的车

（1）中国的第一辆车

我国关于车辆最早的史料记载是在夏朝，有一位名叫奚仲的车正[①]用两个车轮架起车轴，车轴固定在带辕的车架上，车架附有车厢，用来盛放货物，这种马车被称为单辕车，如图 1-4 所示。由此可知，在夏朝，车辆已有相当大的规模，需要设立车正一职来进行车辆管理。

图 1-4　单辕车

（2）木牛流马

在三国时期，诸葛亮发明了一种名为"木牛流马"的交通工具，如图 1-5 所示。至于"木牛流马"究竟属于何种形态的车，利用何种原理移动，仍是千古之谜。

---

① 车正：掌管车辆的官员。

图1-5　木牛流马仿制品

（3）记里鼓车

记里鼓车的发明人是东汉科学家张衡。据记载，记里鼓车分为上下两层，即上层设一钟，下层设一鼓（图1-6）。记里鼓车上有小木人，头戴峨冠，身穿锦袍，高坐在车上。每当车行进一里，木人就击鼓一次；每当车行进十里，木人就敲钟一次。记里鼓车利用的是齿轮传动原理，即由车轮带动大小不同的一组齿轮，使车轮走满一里时，其中一个齿轮刚好转动一圈，该齿轮的轮轴拨动车上的木人敲鼓或击钟，进而报告行程。记里鼓车被誉为汽车里程表和减速装置的先驱。

图1-6　记里鼓车

（4）指南车

指南车是我国古代用于指示方向的一种轮式机械车，又称司南车，如图1-7所示。指南车是利用齿轮传动来指明方向的一种简单机械装置。其靠人力来带动车内的木制齿轮转动，并以此来传递转向时两个车轮的差动，由此带动车上的木人，使其转向与车的方向相反，但角度相同。这样一来，不论车转向何方，木人的手始终指向指南车出发时设置的木人指示方向。

图1-7　指南车

2. 世界各国对车的畅想

（1）中国

古代的车辆由于靠牲畜拉动，速度和载重量都受到极大的限制，人们渴望制造出载重量较大、速度较快的自动车辆。唐代著名高僧、天文学家一行曾提出设想："激铜轮自转之法，加以火蒸汽运，名曰汽车。"他是世界上最早提出自动行驶车辆概念的人，比西方人早七八百年。

（2）意大利

1478年，意大利文化巨人、文艺复兴时期杰出代表达·芬奇开始探索自动车的奥秘。他从钟表的运转中得到了启发：既然发条机构可以积蓄力量，那么它必定能使圆盘长时间转动，如图1-8所示。

图1-8　自动车

（3）德国

1649 年，德国的钟表匠汉斯·赫丘在达·芬奇的启发下制成了一辆用钟表发条作为动力的车，如图 1-9 所示。该车每前进 230 m 就需要人工上一次发条。这辆车并没有实际参考价值，它的作用仅相当于现代的儿童玩具。

图 1-9　发条车

（4）荷兰

1600 年，荷兰数学家、工程师西蒙·斯蒂芬把木轮装到船上，制造出了双桅风力帆车。这种帆车可以凭借风力的驱动行进（图 1-10），故被人们称为新能源汽车的雏形。

图 1-10　双桅风力帆车

3　蒸汽时代的汽车

1678 年，著名的耶稣会传教士南怀仁在中国的京都（现江苏省南京市）制成了一辆布兰卡冲动式蒸汽汽车，它可以称得上是成功的蒸汽汽车，但只是模型，没有实用价值，如图 1-11 所示。这辆车被《吉尼斯世界纪录大全》确认为汽车始祖，也是最早记录在案的汽车。

法国人居纽花了 6 年时间将蒸汽机装在板车上，成功制造出第一辆蒸汽板车，如

图1-12所示。这是世界上第一辆利用自身动力行驶的蒸汽汽车。锅炉里的蒸汽推动里面的活塞上下运动，通过连杆传给前轮，使车轮转动。这种汽车的最高车速为4 km/h，且每行驶15 min，锅炉里的压力就会耗尽，需要停下来加水并烧开，使其成为蒸汽，再加热15 min后才能继续行驶。

图1-11　蒸汽汽车

图1-12　居纽蒸汽板车

1803年，法国工程师特利维柯采用新型高压蒸汽机来驱动汽车，这种汽车可乘坐8人。从此，用蒸汽机驱动的汽车开始在实际生活中应用。1827年，嘉内公爵制造的蒸汽汽车成为世界上第一辆正式运营的蒸汽公共汽车，可载客18人，其中6个座位在车内，12个座位在车外，平均速度为19 km/h。

4. 现代汽车

（1）内燃机

1800年，艾提力·雷诺制造了一种发动机，它可以让燃料在发动机内部燃烧。人们后来称这种发动机为内燃机。

1838年，英国发明家亨纳特发明了世界上第一台内燃机点火装置，被世人称为"世界汽车发展史上的一场革命"。1862年，法国电器工程师莱诺研制出二冲程内燃机。

1867年，德国工程师奥托研制出世界上第一台往复活塞式四冲程煤气发动机；1876年，奥托又发明了汽油发动机，具有进气、压缩、做功、排气四个冲程。为了纪念他，人们把这种循环称为奥托循环。

（2）内燃机汽车

1807年，居住在巴黎的瑞士人里瓦兹通过实验制作出以引爆氢气来产生膨胀力推动汽车行驶的发动机，并于1807年取得了专利权，如图1-13所示。里瓦兹是最早尝试将燃烧式发动机应用于道路车辆的发明家。

1862年5月，法国籍技师埃特尼·勒诺瓦赫在拉罗凯特的工厂中给一辆大型载客马车安装上自己设计的二冲程发动机，制造出世界上第一辆具有行驶价值的燃气内燃机汽车，如

图 1-14 所示。

氢气储存装置　氢气发动机

图 1-13　里瓦兹的实验

图 1-14　燃气内燃机汽车

1883 年，德国工程师戈特利布·戴姆勒与好友威廉·迈巴赫合作，成功研制出高压点火卧式汽油机，转速达 600 r/min，如图 1-15 所示。同年 12 月 16 日，其获得了汽油发动机的专利。

后来，戴姆勒把卧式汽油机改制成体积尽可能小的立式汽油机（图 1-16）且将其命名为"老爷钟"，并于 1885 年 4 月取得了专利。

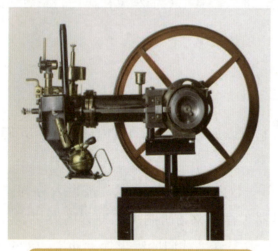

图 1-15　高压点火卧式汽油机

图 1-16　老爷钟

德国的卡尔·本茨于 1885 年 9 月 5 日成功制造出三轮乘坐车——奔驰 1 号，最高车速可达 16 km/h，如图 1-17 所示。1886 年 1 月 29 日，他向德意志帝国专利局申请专利。后来，人们将这一天定为"世界汽车诞生日"。卡尔·本茨与戴姆勒被誉为"汽车之父"。

1886 年 8 月，戴姆勒将立式汽油机安装在马车上，制成了世界上第一辆具备完全功能的四轮汽油汽车，如图 1-18 所示。该车最高车速可达 17.5 km/h，具有 4 个可变速度。

至此，人类世界彻底改变了。

图 1-17　奔驰 1 号

图 1-18　四轮汽油汽车

第二节　汽车的定义

现在，各种形式、牌号及用途的汽车数不胜数，为了便于叙述和研究，人们使用不同的方法给汽车分类，它们反映了汽车的不同属性。在本节中，同学们需要掌握汽车的定义及其分类。

一、我国对汽车的定义

我国对汽车的定义是：由动力装置驱动，具有 4 个或 4 个以上车轮的非轨道且无架线的车辆，主要用于载运人员和货物、牵引载运人员和货物及其他特殊用途的车辆。按照此定义，摩托车、装甲车及坦克均不属于汽车，而拖拉机则属于汽车。

二、汽车的分类

1. 按动力装置所用燃料的种类分类

按动力装置所用燃料的种类，汽车可分为内燃机汽车、电动汽车及燃气轮机汽车。

（1）内燃机汽车

内燃机汽车是指以内燃机为动力装置的汽车。这类汽车几乎全部为活塞式内燃机汽车，也有少数转子式发动机汽车。内燃机汽车按所用的燃料的不同可分为汽油机汽车和柴油机汽车。

（2）电动汽车

电动汽车是指以车载电源为动力、用电机驱动车轮行驶、符合道路交通安全法规各项要求的车辆。相对传统汽车而言，电动汽车对环境的影响较小，前景较为乐观。但随着电动汽车技术的发展，被人们广泛使用的铅酸蓄电池由于能量低、充电速度慢、寿命短，逐渐被其他蓄电池所取代；正在发展的电池种类主要有钠硫电池、镍镉电池、锂电池、燃料电池等。电动汽车的驱动电动机相当于传统内燃机汽车的发动机，蓄电池或燃料电池的作用相当于传统内燃机汽车的油箱。电动汽车是涉及机械、电子、电力、微机控制等多学科的高科技产品。

电动汽车按照动力电池分类可分为纯电动汽车、混合动力电动汽车、燃料电池电动汽车。

（3）燃气轮机汽车

燃气轮机汽车采用航空发动机或火箭发动机，以喷气反作用力的驱动行驶。

2. 按用途分类

汽车按用途可分为乘用车和商用车两类。

（1）乘用车

乘用车是指在其设计和技术特性上主要用于载运乘客及其随身行李或临时物品的汽车。乘用车包括轿车、微型客车及不超过9座的轻型客车。

（2）商用车

商用车是指除乘用车以外，主要用于运载人员、货物及牵引挂车的汽车。商用车可分为客车和货车两大类，如图1-19和图1-20所示。

图1-19　客车

图1-20　货车

第三节 汽车的主要构造

汽车是由数百个总成、上万个零部件装配而成的。虽然不同车型的结构千差万别，但都由发动机、底盘、车身及其附件和电器设备四大部分组成。在本节中，同学们需要掌握发动机、底盘的主要构造。

一、发动机

发动机（图 1-21）是汽车的动力源，其作用是使燃料燃烧，将热能转变成机械能，驱动汽车行驶。目前，汽车普遍采用活塞式发动机作为动力装置。

图 1-21 发动机

活塞式发动机由两大机构和五大系统组成。其中，两大机构为曲柄连杆机构、配气机构；五大系统为燃油供给系统、冷却系统、润滑系统、点火系统、起动系统。

1. 两大机构

（1）曲柄连杆机构

曲柄连杆机构由活塞连杆组和曲轴飞轮组、机体组组成（图 1-22），是发动机的核心部分。

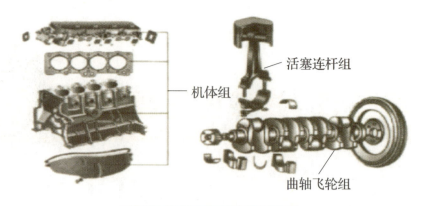

机体组

活塞连杆组

曲轴飞轮组

图 1-22　曲柄连杆机构

（2）配气机构

配气机构由气门、气门导管、凸轮轴、摇臂、气门弹簧等组成，负责在适当的时候打开和关闭气门，从而控制空气和燃料的进入和排出，如图 1-23 所示。

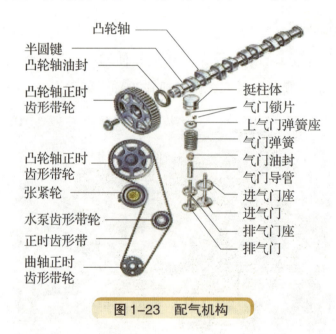

凸轮轴
半圆键
凸轮轴油封
凸轮轴正时齿形带轮
凸轮轴正时齿形带轮
张紧轮
水泵齿形带轮
正时齿形带
曲轴正时齿形带轮

挺柱体
气门锁片
上气门弹簧座
气门弹簧
气门油封
气门导管
进气门座
进气门
排气门座
排气门

图 1-23　配气机构

乙 五大系统

（1）燃油供给系统

燃油供给系统主要由燃油箱、油泵、喷油器、高压油管等组成，负责根据工况配制合适浓度的可燃混合气。

（2）点火系统

传统的点火系统由电源、传感器、电控单元、火花塞等组成，负责在合适的时刻产生火花，从而点燃混合气。

（3）冷却系统

冷却系统由散热器、风扇、水温表、水泵等组成，负责在发动机温度过高时为其降温。

（4）润滑系统

润滑系统由机油泵、油底壳、机油滤清器等组成，负责为发动机提供润滑并减少摩擦。

（5）起动系统

起动系统由蓄电池、导线、点火开关、起动机、继电器或电磁开关、起动机啮合传动机构组成，负责发动机的起动。

二、底盘

底盘是汽车的骨架，作用是支撑车身和安装部件，不但要将发动机的动力传递到驱动轮，还要保证汽车按照驾驶人的意志正常行驶。如图1-24所示，汽车底盘由传动系统、行驶系统、转向系统和制动系统组成。

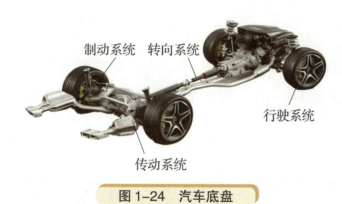

制动系统　转向系统

行驶系统

传动系统

图1-24　汽车底盘

（1）传动系统

传动系统用于将发动机动力传递给驱动车轮，包括离合器、变速器、万向传动装置和驱动桥等部件。

（2）行驶系统

行驶系统用于将汽车各总成、部件连接成一个整体，起到支持全车并保证车辆正常行驶的作用，包括车架、车桥（转向从动桥、驱动车轮）和悬架（前悬架、后悬架）等部分。

（3）转向系统

转向系统能够保证汽车按照驾驶人所选定的方向行驶，包括带转向盘的转向器和转向传动机构。

（4）制动系统

制动系统用来降低汽车速度或停车，或在汽车下坡时稳定车速，或使汽车在原地停驻。

三、车身及其附件

车身主要用来覆盖、包装和保护汽车零部件，提供装载货物的空间，以及为驾乘人员提供舒适的乘坐环境。车身附件是安装于车身之上的附属设备，如座椅、空调、风窗刮水器、玻璃升降器、点烟器、音响和通信设备等，如图 1-25 所示。

图 1-25　车身及其附件

四、电器设备

电器设备包括电源、灯光系统、点火系统、起动系统、仪表、传感器与报警装置、空调、自动检测装置等。

思维拓展

你认为未来的汽车是什么样子的？请按照你的想法画出来吧。

单元二

世界汽车品牌

行驶在世界各地的汽车种类繁多，令人目不暇接，有中、欧、美、日、韩为主体的几大车系。

第一节　欧洲汽车品牌

作为汽车的发源地，欧洲聚集了大量的汽车企业。大众、宝马、奔驰、捷豹等汽车企业作为代表，给汽车行业带来了生机与活力。在本节中，同学们需要了解汽车的常见品牌及其车标的含义。

一、大众汽车集团

大众汽车集团成立于1938年，总部位于德国沃尔夫斯堡，是欧洲规模较大的汽车公司之一，也是世界汽车行业中最具有实力的跨国公司之一。

　　大众汽车集团在全球拥有几十家全资或参股企业，业务领域包括汽车的研发、生产、销售，以及物流、服务、汽车零部件、汽车租赁、金融服务和汽车保险，旗下的汽车品牌如图 2-1 所示。

图 2-1　大众汽车集团旗下的汽车品牌

　　1984 年，大众汽车集团建立了它在中国的第一家合资企业——上海大众；1991 年，其又在长春建立了其在中国的第二家合资企业——一汽大众。

　　面对客户的需求，大众汽车集团始终秉承着积极为客户提供最前沿的科技成果、独具匠心的设计和质量绝佳产品的信念，为客户提供了乘用车与商用车 41 个系列车型产品。

1. 大众汽车（Volkswagen）

　　大众汽车的车标有经典的黑白配色设计，其中的 V 代表 Volks（人民），W 代表 Wagen（汽车），象征着大众汽车的品牌理念，即生产适合大众使用的汽车，如图 2-2 所示。大众汽车常见款如图 2-3 所示。

图 2-2　大众车标

图 2-3　大众汽车常见款

2. 奥迪（Audi）

　　奥迪是国际汽车品牌，车标如图 2-4 所示，总部位于德国。

从 1932 年起，奥迪开始采用四环车标，它代表奥迪与小奇迹（DKW）、霍希（Horch）和漫游者（Wanderer）合并而成的汽车联合公司，象征着兄弟四人紧握手，而半径相等的四个紧扣连环象征公司成员平等、互相协作的亲密关系和奋斗的敬业精神。该车标下方的"Audi"字样是该联合公司的第一家霍尔茨汽车公司创始人霍尔茨的拉丁文名字。

奥迪有很多车型，典型的如奥迪 Q5（图 2-5）。

图 2-4　奥迪车标

图 2-5　奥迪 Q5

3. 宾利（Bentley）

华特·欧文·宾利于 1919 年缔造了宾利品牌，极尽奢华的内饰和精良的手工制造工艺确立了宾利汽车豪华的气质。该品牌于 1931 年被劳斯莱斯收购，后来大众汽车于 1998 年收购了该品牌。

宾利车标以宾利汽车创始人名字的第一个英文字母"B"为主体，还附带一对翅膀，似凌空翱翔的雄鹰，既具有帝王般的尊贵气质，又蕴含纪念设计者的意味（图 2-6）。另外，宾利高端车型（如慕尚、雅骏、布鲁克兰、添越等）的前引擎盖上还装有一枚与主体标志构成相仿的立体标志，这一点与劳斯莱斯的飞天女神立体标志有异曲同工之妙。宾利的经典车型添越如图 2-7 所示。

图 2-6　宾利车标

图 2-7　宾利的经典车型添越

4. 布加迪（Bugatti）

布加迪起源于意大利，是世界著名的老牌运动车品牌。1909年，意大利人埃多尔·布加迪在德国创建布加迪公司，专门生产跑车和高级豪华轿车。布加迪汽车做工精湛、性能卓越，每辆轿车都可誉为世界名车。该品牌的汽车曾于1956年停产，直到1991年，意大利企业家罗曼诺·阿蒂奥利买下布加迪商标所有权，重新生产高性能、高质量的汽车。1998年，大众汽车集团购买了布加迪的商标权，使该品牌汽车进入了新的阶段。

布加迪的经典车型威航如图2-8所示，车标如图2-9所示。

图2-8　布加迪威航

图2-9　布加迪车标

5. 兰博基尼（Automobili Lamborghini S.p.A.）

兰博基尼是一家意大利汽车生产商，也是全球顶级跑车制造商及欧洲奢侈品标志之一，公司位于意大利，由费鲁吉欧·兰博基尼在1963年创立。兰博基尼早期由于经营不善，于1980年破产。数次易主后，该品牌于1998年归入奥迪旗下。兰博基尼经典车型埃文塔多如图2-10所示。兰博基尼车标是一头充满力量、正向对方攻击的斗牛，不仅与大功率、高性能跑车的特性相契合，也彰显了创始人斗牛般不甘示弱的个性，如图2-11所示。

图2-10　兰博基尼经典车型

图2-11　兰博基尼车标

二、宝马公司

　　宝马公司是驰名世界的汽车企业，也是世界上最成功的汽车和摩托车制造商之一。拥有 BMW、MINI、劳斯莱斯和宝马摩托车四大品牌，并提供汽车金融和高档出行服务。宝马公司历来十分重视技术革新，也十分重视安全和环保问题。宝马公司在"主动安全性能"和"被动安全性能"方面的研究为其赢得了声誉。宝马汽车公司旗下汽车品牌如图 2-12 所示。

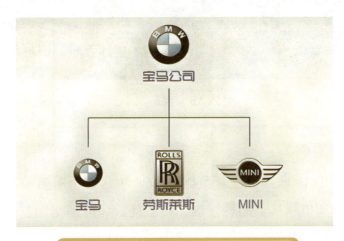

图 2-12　宝马汽车公司旗下品牌

1. 宝马（BMW）

　　宝马车标如图 2-13 所示。

　　宝马公司以其高质量、高性能和高技术为目标，在世界汽车领域享有和奔驰公司几乎同等的盛名。宝马汽车卓越的加速性能和出色的操控稳定性在汽车中数一数二。宝马常见的车型如图 2-14 和图 2-15 所示。

图 2-13　宝马车标

图 2-14　宝马 i3

图 2-15　宝马 530Li

2. 劳斯莱斯（Rolls-Royce）

劳斯莱斯汽车公司于 1906 年成立于英国。1998 年，劳斯莱斯被宝马公司收购。劳斯莱斯汽车的经典特征是发动机罩长、前悬挂短、后悬挂长、内部空间宽敞。直到今天，劳斯莱斯的发动机还是完全手工制造的。

劳斯莱斯车标如图 2-16 所示。劳斯莱斯车头立标是著名的欢庆女神，如图 2-17 所示。其设计师是英国画家兼雕刻家查尔斯·塞克斯。

图 2-16　劳斯莱斯车标

图 2-17　欢庆女神标志

3. 宝马 MINI

宝马 MINI（图 2-18）是一个独立于宝马公司运营的品牌，最初由英国汽车公司创立，在经历了多次的所有权变更后，又于 1994 年被宝马公司收购并发展至今。

图 2-18　MINI 及其车标

　　MINI 最初的两门车型在 2000 年停产，随后又推出了多种新车型。MINI 在设计风格融合了经典与现代元素，提供多种不同的车身类型和驾驶体验。

三、奔驰汽车公司

　　1926 年 6 月，戴姆勒公司与奔驰公司合并成立了戴姆勒 – 奔驰汽车公司（以下简称"奔驰汽车公司"）。除了豪华汽车外，奔驰汽车公司还是世界上最著名的大客车与重型载重汽车生产厂商。该公司旗下汽车品牌如图 2-19 所示。

图 2-19　奔驰汽车公司旗下汽车品牌

1. 梅赛德斯 – 奔驰（Mercedes-Benz）

　　"精美、可靠、耐用"是奔驰汽车的设计宗旨。为了保持高质量和开发新技术，奔驰公司每年投入的研发费用高达 4 亿美元。

　　1909 年 6 月，戴姆勒将三叉星徽作为车标，如图 2-20 所示。1909 年，戴姆勒先生为了纪念 VELO 型车的大批量生产，将三叉星内的齿轮图案改为月桂枝，以示胜利。后来，他又在车标的外面加上一个圆圈，在圆圈的上方镶嵌了四颗小星，又在下方安排了"Mercedes"字样，这取自奔驰汽车公司的投资人埃米尔·耶

图 2-20　奔驰车标

利内克美丽女儿的名字，是幸福的意思，意为戴姆勒生产的汽车将为车主们带来幸福。奔驰汽车分为多种级别，代表车型如图 2-21 和图 2-22 所示。

图 2-21　奔驰 C200L

图 2-22　奔驰 E300L

2. 迈巴赫（Maybach）

迈巴赫品牌首创于 20 世纪 20 年代。被誉为"设计之王"的威廉·迈巴赫不仅是奔驰汽车公司的三位主要创始人之一，更是世界首辆梅赛德斯－奔驰汽车的发明者之一。1919 年，难舍汽车梦的威廉·迈巴赫与其子卡尔·迈巴赫共同缔造了"迈巴赫"这一传奇品牌，其代表车型如图 2-23 所示。

迈巴赫车标如图 2-24 所示，由两个交叉的 M 组成，围绕在一个球面三角形里。该品牌的两个 M 代表的是 Maybach-Motorenbau（迈巴赫引擎制造厂），而现在两个 M 代表的是 Maybach Manufaktur（迈巴赫制造）。

图 2-23　迈巴赫 S450

图 2-24　迈巴赫车标

四、菲亚特汽车公司

　　菲亚特汽车公司始建于 1899 年 7 月，创始人是乔瓦尼·阿涅利，总部在意大利。其轿车部门主要有菲亚特、法拉利、阿尔法。菲亚特汽车公司是世界十大汽车公司之一，也是世界上第一个生产微型车的汽车生产厂商。菲亚特是该公司缩写的译音，FIAT 是该公司产品的商标。该公司汽车旗下汽车品牌如图 2-25 所示。

图 2-25　菲亚特汽车公司旗下汽车品牌

1. 菲亚特（FIAT）

　　1906 年，菲亚特开始采用公司全称（Fabbrica Italiana Automobili Torino）中每个单词的大写首字母（F.I.A.T）为商标。由于 FIAT 在英语中具有"法令""许可"的含义，客户通常认为菲亚特轿车具有较高的合法性与可靠性。1918 年，该公司决定将车标中的字样改为"FIAT"，经过多年的变迁，成为图 2-26 所示的样子。由于汽车的产量占意大利全国年汽车总产量的 90% 以上，这在世界汽车工业中是罕见的，菲亚特被称为"意大利汽车工业寒暑表"。菲亚特轿车的紧凑楔形造型线条简练、精巧、极富动感、充满活力，处处显现出拉丁民族热情、浪漫、机敏、灵活的性格。菲亚特菲翔如图2-27所示。

图2-26　菲亚特车标

图2-27　菲亚特菲翔

2. 阿尔法·罗密欧（Alfa Romeo）

阿尔法·罗密欧品牌始创于1910年，是意大利著名的轿车和跑车制造商，总部设在米兰。阿尔法·罗密欧某款车型如图2-28所示。该公司于1986年被菲亚特汽车公司收购，并于2017年正式进入中国市场。从创立开始，阿尔法·罗密欧的造车目标就是生产高性能跑车。阿尔法·罗密欧车标如图2-29所示。

图2-28　阿尔法·罗密欧 Giulia

图2-29　阿尔法·罗密欧车标

3. 法拉利（Ferrari）

法拉利品牌诞生于1947年，是举世闻名的赛车和运动跑车的生产厂商，总部位于意大利。其创始人是世界赛车冠军、划时代的汽车设计大师恩佐·法拉利。法拉利某款车型如图2-30所示。

法拉利车标如图2-31所示，其主要部分是一匹跃马，这匹跃马被置于黄色盾牌内，其下方有字母S和F。这种设计具有极高的辨识度，并已经成为速度与激情的象征。

图 2-30　法拉利 458

图 2-31　法拉利车标

五、标致雪铁龙汽车

标致雪铁龙汽车集团是一家法国私营汽车制造公司，是法国最大的汽车集团公司，创立于 1890 年，创始人是阿尔芒·标致。1976 年标致公司吞并了法国历史悠久的雪铁龙公司，成为世界上一家以生产汽车为主、兼营金融和汽车零部件的公司。标致雪铁龙汽车集团的总部设在法国巴黎。2021 年 1 月 16 日，标致雪铁龙汽车集团发文与菲亚特克莱斯勒汽车公司正式合并，成立了一家全新的集团——斯特兰蒂斯。标致雪铁龙汽车集团旗下汽车品牌如图 2-32 所示。

图 2-32　标致雪铁龙汽车集团旗下汽车品牌

1. 标致（Peugeot）

1848 年，阿尔芒·标致家族在法国巴黎创办了一家工厂，主要生产拉锯、弹簧和齿轮等。1896 年，标致在蒙贝利亚尔创建了标致汽车公司，其主要车型（标致 408）如图 2-33 所示。"标致"曾译名为"别儒"，公司采用"狮头人身"作为车标。如图 2-34 所示。标致车标的最新版设计以永不过时、个性和品质为三个理念，在保留了其独特风格的同时，变得更加扁平化。这种设计既展现了标致悠久历史的品牌价值，又面向未来，体现了标致品牌对于汽车制造的追求。

图2-33 标致408

图2-34 标致车标

2. 雪铁龙（Citroen）

　　雪铁龙汽车公司创立于1919年，创始人是安德烈·雪铁龙，总部设在巴黎，主要产品是小客车和轻型载货车。1976年，雪铁龙公司被标致公司收购了89.5%的股份，成为法国标致雪铁龙汽车集团的成员之一，但它仍然有很高的独立性。1992年，东风汽车公司与法国标致雪铁龙汽车集团合资成立东风雪铁龙汽车品牌，雪铁龙C6如图2-35所示。1912年，雪铁龙开始用"人"字形齿轮作为车标，如图2-36所示。

图2-35 雪铁龙C6

图2-36 雪铁龙车标

第二节　美国汽车品牌

世界汽车工业的第一次变革发生在美国，这使美国在汽车工业中脱颖而出，相继出现了福特、通用等著名汽车公司。至今，这些汽车企业仍是世界汽车行业中的翘楚。在本节中，同学们需要了解美国部分常见的汽车品牌及其部分车标的含义。

一、通用汽车公司

通用汽车公司由威廉·杜兰特于 1908 年 9 月在别克汽车公司的基础上发展起来，尤其重视产品质量和新技术的应用。

通用汽车公司的车标取自其英文名称（General Motors Corporation）前两个单词的第一个字母。通用汽车公司是一家大规模的跨国公司，它在几十个国家设有子公司、装配厂、零部件厂和销售中心。通用汽车公司旗下汽车品牌如图 2-37 所示。

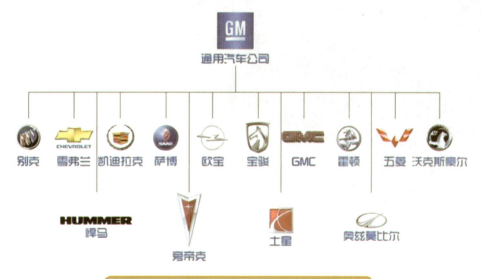

图 2-37　通用汽车公司旗下汽车品牌

1. 别克（Buick）

别克汽车由大卫·别克于 1903 年创建，于 1904 年被通用汽车公司创始人杜兰特收购。别克汽车具有大功率、个性化、实用的特点。

别克车标如图 2-38 所示，由三把不同颜色并依次排列在不同高度位置上的利剑组成，给人一种积极进取、不断攀登的感觉。别克汽车公司旗下有君威（图 2-39）、君越等中级轿车和赛欧、凯越等经济型轿车。

图 2-38　别克车标

图 2-39　别克君威

2. 雪佛兰（Chevrolet）

1911 年，雪佛兰汽车公司由威廉·杜特兰与路易斯·雪佛兰在美国创立。雪佛兰作为通用汽车公司旗下最大的品牌，拥有强大的技术和很多资源。雪佛兰科鲁泽如图 2-40 所示。

雪佛兰车标象征着该品牌汽车的大方、气派和风度，如图 2-41 所示。

图 2-40　雪佛兰科鲁泽

图 2-41　雪佛兰车标

3. 凯迪拉克（Cadillac）

凯迪拉克汽车公司是亨利·利兰于 1902 年建立的。凯迪拉克 CT6 如图 2-42 所示。21世纪伊始，凯迪拉克汽车公司再次对车标进行了设计，新车标色彩明快、轮廓鲜明，整体以铂金为底色，而花冠则保留了原有的色彩组合，如图 2-43 所示。

图 2-42　凯迪拉克 CT6

图 2-43　凯迪拉克车标

二、福特汽车公司

　　福特汽车公司是世界大型汽车企业之一。20 世纪初，亨利·福特凭着"制造人人都买得起的汽车"的梦想和卓越远见创立了该品牌，并成长为与通用、克莱斯勒齐名的美国三大汽车厂商之一。目前，福特汽车公司旗下拥有许多世界著名汽车品牌，如福特、林肯等。在中国，福特汽车公司和中国长安汽车公司集团旗下的长安汽车合资成立了长安福特汽车有限公司，并于 2001 年年初正式投产。福特汽车公司旗下汽车品牌如图 2-44 所示。

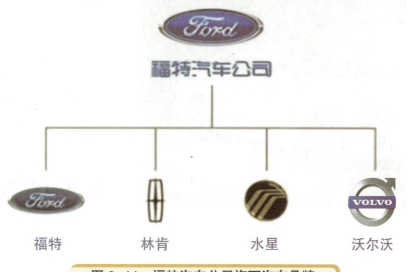

图 2-44　福特汽车公司旗下汽车品牌

1. 福特（Ford）

　　福特蒙迪欧如图 2-45 所示。1911 年，为了迎合创始人亨利·福特的喜好，设计师将车标设计成图 2-46 中的样子，其象征福特汽车奔向世界各地之意。

图 2-45　福特蒙迪欧

图 2-46　福特车标

2. 林肯（Lincoln）

林肯汽车公司是福特汽车公司旗下的另一个品牌。林肯汽车公司是亨利·利兰先生于1917 年创立的，于 1922 年被福特汽车公司收购。由于具有杰出的性能、高贵的造型和无与伦比的舒适度，自富兰克林·罗斯福总统就位以来，林肯汽车一直是总统专用车。林肯 MKZ 及车标如图 2-47 和图 2-48 所示。

图 2-47　林肯 MKZ

图 2-48　林肯车标

第三节 日本汽车品牌

20世纪50年代，日本大力发展科技，其中索尼、松下等企业崭露头角；同时，丰田汽车公司也迅速崛起。从此，日本成为新的汽车生产大国。在本节中，同学们需要认识日本汽车的常见品牌及其部分车标。

一、丰田汽车公司

丰田汽车公司是从1933年创立的丰田自动织布机制作所的汽车部发展起来的。1937年，丰田自动车工业公司正式创立；1938年，丰田汽车工厂正式投产；1959年，丰田汽车公司在巴西建立了第一个位于国外的生产厂。丰田汽车公司旗下汽车品牌如图2-49所示。

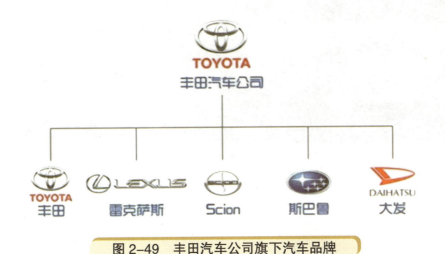

图2-49 丰田汽车公司旗下汽车品牌

1. 丰田（TOYOTA）

20世纪80年代后期，丰田开始推出由三个椭圆形组成的车标（图2-50）。此后，丰田开发出50余种车型，形成庞大的丰田车系，比较有代表性的车型有皇冠、卡罗拉、凯美瑞（图2-51）等。

图 2-50　丰田车标

图 2-51　丰田凯美瑞

2. 雷克萨斯（LEXUS）

雷克萨斯经典车型 ES300h 如图 2-52 所示，该品牌是丰田旗下的豪华汽车品牌。1983 年 8 月，丰田汽车公司召开了一次意义重大的董事会，它是雷克萨斯汽车发展的起点。在用了 6 年时间，投入了 5 亿美元后，雷克萨斯终于制造出来了，于 1989 年上市。雷克萨斯车标如图 2-53 所示。

图 2-52　雷克萨斯经典车型 ES300h

图 2-53　雷克萨斯车标

二、日产汽车公司

日产汽车公司创立于 1933 年，是日本第二大汽车产业集团，自 1935 年起开始大量生产汽车，旗下主要核心品牌包括日产和豪华品牌英菲尼迪。

1. 日产（NISSAN）

日产车标如图 2-54 所示。其比较有代表性的车型有逍客、天籁（图 2-55）、轩逸等。

图 2-54　日产车标

图 2-55　日产天籁

2. 英菲尼迪（INFINITI）

英菲尼迪是日产汽车公司旗下的豪华汽车品牌，1989 年诞生于北美地区，总部设在日本横滨，其典型车型（Q50）如图 2-56 所示。凭借独特的设计、出色的产品性能和贴心的客户服务，英菲尼迪迅速成为全球豪华汽车市场中重要的品牌之一。2007 年，英菲尼迪正式进入中国市场。英菲尼迪已拥有双门跑车、轿车、越野车和 SUV 等系列车型，后又生产出 2006 款 M 系列高性能运动轿车，使产品线更加丰富。2012 年 7 月 6 日，英菲尼迪全球第一家旗舰店在北京正式开业。

英菲尼迪车标如图 2-57 所示。其象征着英菲尼迪人永无止境的追求，即创造具有全球竞争力的用户体验和客户满意度。

图 2-56　英菲尼迪 Q50

图 2-57　英菲尼迪车标

三、本田汽车公司

本田汽车公司创建于 1948 年，其创始人是本田宗一郎。本田汽车公司是本田集团的主要成员，也是世界最大的摩托车生产厂商之一，于 1962 年开始生产汽车，总部设在日本东京。

1973年，本田小型汽车思域正式进入市场。当时恰逢世界范围内的能源危机，日本本土市场及北美市场对经济型家用轿车的需求让思域站稳了脚跟。2003年，东风汽车集团股份有限公司与日本本田技研工业株式会社各出资50%共同组建了东风本田汽车公司。到2006年，东风本田思域已经发展到第8代车型。2016年，东风本田发布了第10代本田思域汽车，如图2-58所示。

图2-58　本田思域

1976年，本田最著名的代表产品雅阁诞生，成为其打开全球市场的主力车型。这款轿车以低油耗为设计初衷，并以宽阔的车内空间、优异的行驶性能和新奇的掀背式形象问世。1999年，第6代雅阁进入中国。雅阁一直坚持垂直换代，赢得了超过150万名中国车主的信赖。2018年4月，第10代本田雅阁汽车在中国上市，如图2-59所示。

本田车标如图2-60所示。

图2-59　本田雅阁

图2-60　本田车标

四、马自达汽车公司

1920年，马自达由松田重次郎创立，总部位于日本广岛，是一家在东京证交所上市的跨国汽车制造企业。

　　马自达是日本著名的汽车品牌之一，也是世界上唯一一个研发和生产转子发动机的汽车公司。马自达公司与福特公司合作之后，采用了如图 2-61 所示的车标。其预示马自达将展翅高飞，以无穷的创意和真诚的服务迈向未来。

　　2002 年，马自达公司推出了一系列新车型，在世界各地都获得了不俗的销售业绩。其具有代表性的车型有马自达 6、马自达 CX-5、马自达阿特兹（图 2-62）等。

图 2-61　马自达车标

图 2-62　马自达阿特兹

第四节　韩国汽车品牌

　　韩国汽车工业从无到有，从弱到强，仅用不到 60 年就走完了其他发达国家汽车工业百余年的历程。从此，并成为汽车生产大国。如今，韩国已经发展成为世界第五大汽车制造国、第六大汽车出口国。在本节中，同学们需要了解韩国汽车的常见品牌及其车标含义。

一、韩国现代汽车公司

　　1940 年，郑周永在首尔成立了汽车修配厂，这是现代集团的雏形。现代汽车公司成立于 1967 年，其典型车型（名图）如图 2-63 所示。该公司总部位于韩国首尔，自 2021 年起由郑义宣担任会长。2002 年，现代自动车株式会社与北京汽车投资有限公司共同出资设立了北京现代汽车有限公司。

现代汽车公司车标如图 2-64 所示，其在椭圆内嵌入斜体字母 H 的图案。椭圆表示地球，意味着现代汽车以全世界为舞台，进行全球化经营管理；斜字母 H 是现代汽车公司英文 Hyundai 的首字母，也是表现两个人握手的形象，代表现代汽车公司与客户之间的互相信任。

图 2-63　现代名图

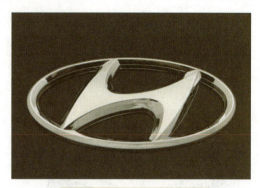

图 2-64　现代车标

二、起亚汽车集团（KIA）

起亚汽车集团是韩国最早的汽车制造商之一，成立于 1944 年，于 2000 年与现代集团合并成立现代起亚汽车集团。现代起亚汽车集团是世界第五大汽车生产商，拥有完善的乘用车和商用车生产流水线。起亚代表车型（K5）如图 2-65 所示。

起亚的名字源自汉语，"起"代表起来，"亚"代表在亚洲。因此，起亚的意思是"起于东方"或"起于亚洲"，反映了起亚的远大志向——从亚洲崛起，走向世界。起亚的车标彰显了其在未来出行领域占据领先地位的雄心，如图 2-66 所示。

图 2-65　起亚 K5

图 2-66　起亚车标

思维拓展

1. 请选择一款自己喜欢的汽车品牌，在同学们面前进行详细介绍。

2. 请设计一款车标并为其命名。

单元三

中国汽车民族品牌

20世纪初，美国的汽车工业如雨后春笋般崛起，占据全球95%的市场份额；德国紧随其后。从20世纪50年代开始，日本的汽车工业反超德国和美国，成为新的汽车生产大国，与此同时，意大利、西班牙、法国、英国也开始发展本土的汽车工业。接着，中国汽车工业也在此背景下拉开序幕。

第一节 中国民族品牌的诞生

1901年，第一辆汽车驶入中国大门，这标志着中国汽车工业从此踏上发展之路。时至今日，中国汽车工业从无到有、从小到大，逐步成为国民经济的支柱之一。在这个过程中，中国汽车工业经历了多次起伏，实现了跨越式发展。在本节中，同学们需要掌握中国汽车工业发展的过程。

一、中国汽车的开始

1901年冬天，匈牙利人李恩时将两辆美国生产的"奥兹莫比尔"牌汽车引入上海，如

图 3-1 所示。这一举动让中国人首次接触到了汽车这种新型的交通工具,尽管这两辆汽车被划入马车行列,但它们的出现无疑在当时的中国社会引起了轰动。人们被这种新颖、快捷的交通工具所吸引,开始关注并接受汽车,激发了对汽车的热情。"奥兹莫比尔"牌汽车的出现对中国交通和经济的发展产生了深远的影响。

图 3-1 "奥兹莫比尔"牌汽车

1931 年 5 月,我国第一辆国产汽车——"民生"牌 75 型载货汽车面世,如图 3-2 所示。这辆车外观是参照美国"瑞雪"牌卡车仿制的,全车零部件达到了 75% 自制。辽宁迫击炮厂(民生工厂)工作人员经过两年多的努力,于 1931 年 5 月 31 日将其试制成功。

图 3-2 "民生"牌 75 型载货汽车

1931 年,"九·一八"事变爆发,民生工厂全部落入日军手中,导致"民生"牌汽车的生产被迫中断,这给中国的汽车产业发展造成了重大的打击,使中国汽车工业的发展受到了严重阻碍。"民生"牌汽车的出现标志着中国汽车工业的起步,为日后的发展奠定了基础。

二、中国第一汽车集团公司

1949 年，毛泽东主席访问苏联后，决定自主发展汽车工业。

1950 年 2 月 14 日，中国、苏联两国政府签订了《中苏友好互助同盟条约》，敲定了一批重点工业项目，而建设汽车厂的项目便位列其中。

1953 年 7 月，长春第一汽车制造厂（以下简称"一汽"）在吉林省长春市正式动工建设，这一决策推动了中国汽车工业的发展。1956 年 7 月，中国成功研制出第一辆国产汽车，毛泽东主席亲自为其命名为"解放"（图 3-3），这标志着中国结束了无法自主研制汽车的历史。截至 1956 年年底，一汽已成功生产了 1 654 辆"解放"牌汽车。

图 3-3　"解放"牌卡车

1958 年 8 月，一汽成功试制出第一辆红旗轿车，如图 3-4 所示。经过多年的发展，一汽形成了多样化的品牌架构，如图 3-5 所示。

图 3-4　红旗轿车

图3-5　一汽品牌构架

三、中国第二汽车制造厂

1952年，第二汽车制造厂（以下简称"二汽"）开始筹建。

为了确保二汽的安稳运营，中央提出"靠山、分散、隐蔽"的建厂方针，要求厂址靠近大山，关键设备进洞。经过一年的勘察，中央最终选定了湖北十堰。当时的十堰只是一个小镇，交通不便，只有土路通行。几万建设者涌入后，吃住问题只能依靠简陋工具和设备解决。1967年，在饶斌的带领下，二汽的建设者们克服了重重困难，在十堰炉子沟举行开工典礼，为我国汽车工业的发展奠定了坚实的基础。

二汽建成后，饶斌提出了"按照汽车总成分工"的建议，让国内具备较高技术水平和生产能力的厂商分别负责包建。经过大家的努力，总装配厂、发动机厂、车桥厂等26家重点协作配套厂顺利建成。

另外，二汽还积极采纳众多企业的优点，融一汽和全国机械行业的尖端技术和科研成果于自身的生产建构中。之后，武汉军区突然向二汽提出了一个紧急任务，在1970年"五一"前制造出100辆汽车，并在同年"十一"前制造500辆汽车用于庆典活动。这一要求使饶斌及二汽的员工们倍感压力，因为他们刚刚完成厂房的建设，而专家团队、技术人员和生产线上的员工尚未全部就位。

更为棘手的是，国家还赋予二汽一个特殊使命，即研发一款载重量为2.5 t的军用越野车，代号为25Y，车型为东风EQ240，如图3-6所示。此车需要与上述500辆汽车共同参加庆典活动。团队制造成员秉持"理解的要执行，不理解的在执行中理解"的原则迎难而上，最终完成了任务。

图3-6　东风EQ240

1971年，二汽完成了东风EQ240总装配线的建设，这标志着手工制造汽车的时代结束了。1975年，25Y正式投入量产，这款车在1978年底被投入战场，奔赴云南前线参与对越自卫反击战。

随着军队对东风EQ240需求量的大幅减少，二汽的生产线闲置。1978年，为了扭亏为盈，二汽将注意力转向了5 t民用载货汽车。在一年内生产了5 000多辆优质汽车，并向国家上交利润279万元。

20世纪80年代，国民经济进入了调整时期，二汽被列入了"停缓建"企业名单。面对这一困境，二汽的负责人开始寻找解决方案，最终决定自筹资金，依靠自己的力量发展。1980年3月22日，国务院正式批准了二汽的续建计划，从此，二汽走上了自力更生、自筹资金、自主发展的道路。1992年，二汽更名为东风汽车公司；2005年，其成立控股子公司——东风汽车集团股份有限公司，在香港联交所挂牌上市。2017年，其完成了改制，更名为东风汽车集团有限公司。

四、合资汽车的兴起

1. 合资模式的引入与发展

改革开放以后，中国汽车产业面临了新的机遇和挑战。当时国内造车技术落后，促使国家开始引进国外技术，并建立合资企业，推动汽车产业的发展。

1983年，北京汽车制造厂与美国汽车公司（美国第四大汽车厂）签订了合资协议，双方于1984年合作成立了中国第一家中外合资汽车企业——北京吉普汽车公司，这标志着中国汽车工业合资模式的正式启动。随后，德国大众也进入中国市场，这是西方唯一一家既提供技术，又提供资金的汽车厂商。之后，德国大众与上海汽车集团合资成立了上海大众汽车有限公司（图3-7）。由此，合资模式逐渐成为中国汽车产业发展的主要方向。国内各车企纷纷与国际汽车巨头展开合作，引进先进的技术和成熟的管理经验。

图3-7　上汽与大众公司正式合资

2. 市场秩序的规范

为了规范市场秩序，中国政府在1988年要求严格控制轿车生产，遏制无序竞争。这一举措有效维护了汽车产业的稳定发展。

3. 合资车企的崛起

20世纪90年代初，中国政府开始进一步扶持汽车工业，为合资企业的发展提供更多的政策支持，如出台了一系列有利于外资合资企业发展的措施，包括减免税收、提供土地和资金支持等。随着合资企业规模的不断扩大，合资模式成为中国汽车工业发展的主要方向，吸引了越来越多的国际汽车厂商。此举加速了中国汽车产业的现代化进程。

4. 技术进步与市场推动

20世纪90年代后期，随着市场的不断扩大和技术的不断进步，中国汽车产业迎来了快速发展的时期。随后，私人汽车购买量迅速增长，推动了技术的进步和市场的发展。

第二节　中国民族品牌的崛起

中国汽车工业的发展速度很快，但汽车产品的核心技术大多掌握在合资企业手中，传统的以市场换取技术的合资模式正在面临质疑和挑战，而中国自主汽车品牌企业正是在这样的环境中崛起的。在本节中，同学们需要掌握我国主要民族汽车品牌的发展情况及其主流车型。

一、吉利控股集团

1986年，吉利汽车创始人李书福以废旧物品回收起家，先后涉足家用电器、冰箱配件制造和装修行业，并于1994年进军摩托车市场。1996年，李书福向政府申请了一大片土地，建立起吉利豪情汽车工业园。1997年，李书福正式进入汽车行业，成立了吉利集团有限公司，成为中国第一家民营轿车企业的掌门人。李书福选择了逆向研发的道路，通过拆解豪车来探索汽车制造的奥秘。经过无数次的尝试和失败，1998年，吉利的第一辆量产汽车——吉利豪情正式下线（图3-8）。低廉的价格使吉利汽车在市场上具有一定的竞争力。

图3-8　吉利豪情

但此时，吉利豪情面临着没有生产资质、无法上市销售的问题，李书福便积极寻求政府的支持。通过与四川德阳监狱汽车厂合作，吉利最终获得了生产资质，并被纳入国家汽车目录（2001年），成为民营汽车制造的先驱。2010年8月，吉利收购了沃尔沃（图3-9和图3-10），这是中国汽车企业首次完全收购一家具有百年历史的全球性著名汽车品牌。吉利控股集团旗下拥有包括吉利汽车、沃尔沃汽车、路特斯汽车、伦敦电动汽车、宝腾汽车、远程新能源商用车、几何汽车、银河汽车、领克汽车、吉利银河、极氪汽车等品牌。

图3-9 吉利收购沃尔沃（1）

图3-10 吉利收购沃尔沃（2）

1. 吉利银河系列

吉利银河系列是全新的中高端新能源车型。该系列车型以创新的科技、卓越的性能以及智能化的配置，致力于为用户带来全新的驾驶体验。

本系列的首款车型吉利银河L7如图3-11所示，自发布以来便备受瞩目。它基于世界级e-CMA架构打造，拥有出色的尺寸比例和轴距设计，不仅为车主提供了宽敞的乘坐空间，更使驾驶稳定性与舒适性达到了平衡状态。

图3-11 吉利银河L7

2. 极氪汽车（ZEEKR）

极氪是浙江吉利控股集团有限公司旗下高端智能电动品牌。2021年3月，浙江极氪智能科技有限公司成立。极氪是一家以智能化、数字化、数据驱动的智能出行科技公司，其聚焦智能电动出行前瞻技术的研发，构建科技生态圈与用户生态圈，以"共创极致体验的出行生活"为使命，从产品创新、用户体验创新到商业模式创新，努力为用户带来极致的出行体验。极氪区别于传统与新势力造车模式，实现智能纯电的快速进化，开拓出纯电发展的第三赛道——极氪模式。2021年4月，极氪发布首款产品极氪001，如图3-12和图3-13所示。在设计美学、动力性能、驾控体验、智慧驾趣以及出行安全方面，极氪001用全面领先的产品实力获得了市场的认可。

图3-12　极氪001外观

图3-13　极氪001内部

2021年10月23日，极氪001开始首批交付。截至2021年10月31日，极氪量产车型极氪001首周共计交付199台。在2022年5月28日的粤港澳大湾区车展上，极氪宣布将第20 000辆极氪001正式交付车主。同日，极氪第100家门店——位于成都的极氪空间店亦正式投入运营。另外，极氪汽车还将加速推进"千站万桩"计划，为用户提供更加便捷的充电服务，还要将品牌的影响力扩展到更多的国家和地区。

二、奇瑞汽车股份有限公司

奇瑞汽车股份有限公司（以下简称"奇瑞汽车"）于1997年1月8日在安徽省芜湖市注册成立。奇瑞汽车成立后积极寻求发动机技术突破，并于1999年5月成功下线自主研发的第一台发动机，同年12月，搭载该发动机的奇瑞风云上市（图3-14），成为中国首辆拥有国产自研发动机的汽车，打破了国内没有自主研发发动机的局面。

图3-14　奇瑞风云

经过多年的发展，奇瑞汽车的产品线已经覆盖了乘用车、商用车等多个领域。其中，奇瑞、捷途、星途和 iCAR 是奇瑞集团旗下的四大品牌。

iCAR 是奇瑞汽车的新能源电动品牌，以智能、想象和交互为核心，为用户创造价值，追求成为场景智能领导品牌。iCAR 品牌的核心价值在于为用户提供全方位的体验，构建全域智慧新零售渠道和全时数字车生活助理。这些服务体现了奇瑞"以用户为中心"的理念，并赋予"智能""想象"与"交互"的新内涵。该品牌车型定位年轻群体，通过数字化链接探索年轻用户的生活方式。iCAR 品牌产品线覆盖轿车、SUV 等，其中已上市的 iCAR 03 如图 3-15 所示。该品牌后续将发布 iCAR V23 和 iCAR X25 等车型，展现个性化特征和新能源新风格，为年轻人打造充满科技感的车型。

图 3-15　奇瑞 iCAR 03

奇瑞汽车已经建立了由北美、欧洲、上海等八大研发中心组成的全球研发体系。同时，奇瑞汽车还致力于新能源汽车的研发和推广，积极推动"绿色出行"理念的发展。

图 3-16 所示为奇瑞汽车公司的发展历程。

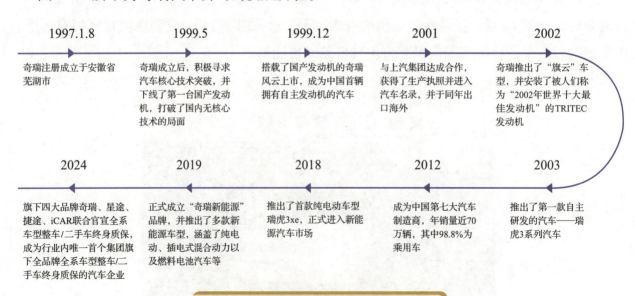

1997.1.8	1999.5	1999.12	2001	2002
奇瑞注册成立于安徽省芜湖市	奇瑞成立后，积极寻求汽车核心技术突破，并下线了第一台国产发动机，打破了国内无核心技术的局面	搭载了国产发动机的奇瑞风云上市，成为中国首辆拥有自主发动机的汽车	与上汽集团达成合作，获得了生产执照并进入汽车名录，并于同年出口海外	奇瑞推出了"旗云"车型，并安装了被人们称为"2002年世界十大最佳发动机"的TRITEC发动机

2024	2019	2018	2012	2003
旗下四大品牌奇瑞、星途、捷途、iCAR联合官宣全系车型整车/二手车终身质保，成为行业内唯一一首个集团旗下全品牌全系车型整车/二手车终身质保的汽车企业	正式成立"奇瑞新能源"品牌，并推出了多款新能源车型，涵盖了纯电动、插电式混合动力以及燃料电池汽车等	推出了首款纯电动车型瑞虎3xe，正式进入新能源汽车市场	成为中国第七大汽车制造商，年销量近70万辆，其中98.8%为乘用车	推出了第一款自主研发的汽车——瑞虎3系列汽车

图 3-16　奇瑞汽车公司的发展历程

三、北京汽车集团有限公司

北京汽车集团有限公司（以下简称"北汽集团"）是中国汽车行业的领军企业，初创于1958年，总部位于北京。经过多年的发展，北汽集团已形成完整的产业链，涵盖整车及零部件研发与制造、汽车服务贸易、综合出行服务、金融与投资等业务。

北汽集团在自主研发方面取得了显著成果，成功制造了中国第一代轻型越野车BJ212和第一代轻型载货车BJ130。同时，北汽集团不仅是中国第一家整车制造合资企业北京吉普汽车有限公司的创立者，也是中国加入世界贸易组织（WTO）后第一家整车制造合资企业北京现代汽车有限公司的主要股东。此外，北汽集团还通过深化战略合资合作建立了北京奔驰汽车有限公司，进一步推动了中国汽车工业的发展。

北汽集团旗下拥有众多知名企业（北京汽车、北汽越野车、昌河汽车、北汽新能源、北汽福田、北京现代、北京奔驰等），如图3-17所示。在经济全球化的背景下，北汽集团的目标是成为一家具有国际竞争力的大型汽车企业集团，为中国汽车工业的发展做出更大的贡献。

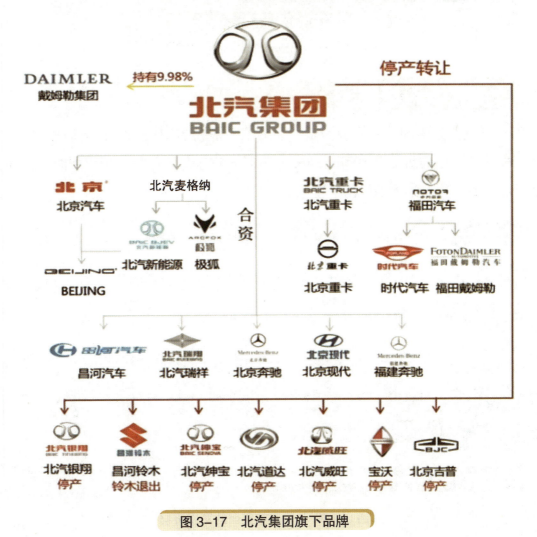

图3-17　北汽集团旗下品牌

极狐是北汽集团打造的高端智能汽车品牌，隶属于北京蓝谷极狐汽车科技有限公司。极狐肩负发展北汽新能源品牌的重任。

极狐阿尔法S是一款非常出色的电动汽车（图3-18），其采用了最先进的车身结构设计，结合前后轴全时四驱系统、多项安全技术以及L2级驾驶辅助功能，为用户提供了更加安全、可靠的驾乘体验。

图3-18 极狐阿尔法S

四、长安汽车集团

中国长安汽车集团的核心企业为重庆长安汽车股份有限公司（以下简称"长安汽车集团"）。长安汽车集团的历史可追溯至1862年。长安汽车集团的发展历程如图3-19所示。历经多次迁移，长安汽车集团最终落户重庆。

1862年	长安汽车的前身上海洋炮局由洋务运动发起人李鸿章授命英国人马格里和中国官员刘佐禹创办
1958年	长安汽车的子公司——重庆长安汽车制造厂正式成立，这标志着长安汽车集团进入全新的发展阶段
1997年	长安汽车与日本铃木合资成立了长铃汽车有限公司
2005年	中国长安汽车集团有限公司正式成立，这标志着长安汽车进入全新的发展阶段
2014年	长安系自主品牌累计销量突破千万台，成为中国首个进入"千万俱乐部"的汽车品牌
2018年	长安汽车开始向智能出行科技公司转型
2022年	长安汽车迎来了成立160周年的重要时刻，推出了全新的数字纯电品牌"长安深蓝"，展现了其向智能低碳出行科技公司转型的决心

图3-19 长安汽车集团的发展历程

至今，长安汽车集团已发展成为一家控股、参股27家企业，拥有4家上市公司的大型汽车企业集团，下辖全级次企业98户，如图3-20所示。长安汽车集团已形成汽车零部件、汽车销售与服务、汽车物流三大产业布局，力争成为中国汽车行业的领军者。

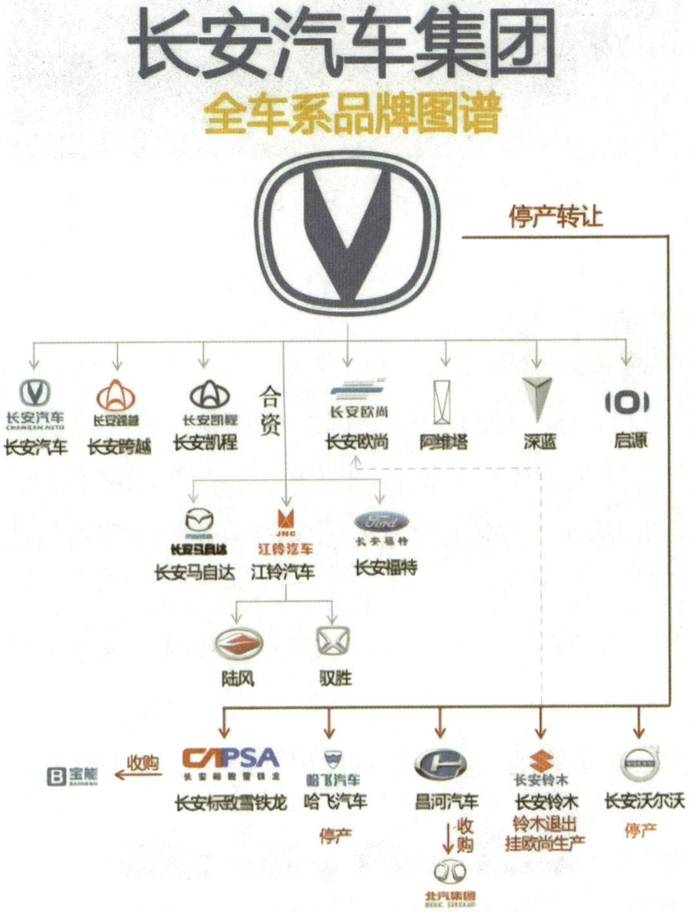

图3-20　长安汽车集团品牌谱系

深蓝汽车创建于2022年，是长安汽车集团旗下全新数字纯电动车品牌，品牌名称代表着生命、科技、未来。深蓝汽车品牌将为新能源汽车用户提供四大品牌价值：一是创新重构，通过前瞻创新的产品设计、行业领先的平台架构，重构用户对于未来出行的认知与想象；二是万物互联，构建天网互联的数字生态，实现全数字场景无限扩展；三是体验随心，为用户提供智慧趣味的功能场景与个性定制的智慧服务，帮助用户自由拓宽体验边界；四是低碳生活，秉承绿色低碳的可持续发展理念，提供高效出行解决方案，推动人与自然的可持续共生。

深蓝SL03是长安深蓝发布的新款纯电汽车（图3-21），于2023年8月25日上市。深蓝SL03以夯实的技术和极致的追求为特点，用超长续航和驾驶乐趣为用户带来智慧出行的全新体验。深蓝SL03还拥有超级智能IACC和并线辅助系统，拥有自动跟车和自动并线功能，可以提升驾驶的舒适性和安全性。

图 3-21　深蓝 SL03

五、长城汽车集团

　　长城汽车集团是一家成立于 1984 年的中国汽车企业，总部位于河北省保定市。其业务包括汽车及零部件设计、研发、生产、销售和服务，还对智能网联、智能驾驶、芯片等前瞻科技领域进行重点研发和应用，还在动力电池、氢能、太阳能等清洁能源领域进行了全产业链布局。

　　长城汽车集团旗下拥有哈弗、魏牌、欧拉、坦克及长城皮卡五大整车品牌，其产品线如图 3-22 所示。在全球化布局方面，长城汽车已经搭建起全球化生产、研发、销售体系，旗下产品已出口至 170 多个国家和地区，海外累计销售汽车超过 100 万辆。

图 3-22　长城汽车集团丰富的产品线

六、比亚迪汽车集团

比亚迪汽车集团是一家总部位于深圳坪山的中国高新技术企业，成立于1995年，发展时间线如图3-23所示。该集团业务涵盖汽车、新能源汽车和电池等多个领域，是全球领先的新能源汽车制造商之一，产品线如图3-24所示。比亚迪汽车集团拥有完整的汽车产业链，包括研发、生产、销售和服务等环节，致力于为消费者提供高品质、高性能的汽车产品。同时，比亚迪汽车集团也积极推动新能源汽车技术的发展和应用，致力于推动全球汽车产业的绿色转型。该集团的产品已经出口到全球多个国家和地区，深受消费者喜爱。如今，比亚迪汽车集团凭借其强大的技术实力和创新能力，成为中国汽车产业中的代表企业之一。

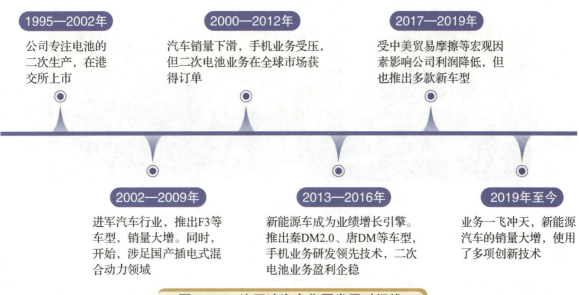

1995—2002年
公司专注电池的二次生产，在港交所上市

2000—2012年
汽车销量下滑，手机业务受压，但二次电池业务在全球市场获得订单

2017—2019年
受中美贸易摩擦等宏观因素影响公司利润降低，但也推出多款新车型

2002—2009年
进军汽车行业，推出F3等车型，销量大增。同时，开始，涉足国产插电式混合动力领域

2013—2016年
新能源车成为业绩增长引擎。推出秦DM2.0、唐DM等车型，手机业务研发领先技术，二次电池业务盈利企稳

2019年至今
业务一飞冲天，新能源汽车的销量大增，使用了多项创新技术

图3-23　比亚迪汽车集团发展时间线

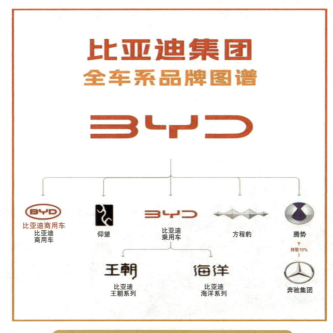

图3-24　比亚迪汽车集团产品线

1. 比亚迪王朝系列

比亚迪王朝系列车型是一系列融合了中国传统文化元素与现代汽车设计理念的汽车产品。该系列车型不仅体现了比亚迪汽车的技术实力，也展示了对中国传统文化的尊重与传承。

王朝系列的诞生标志着比亚迪汽车的崛起。2012 年，生产出了搭载第二代混合动力技术的轿车——比亚迪秦。同年，该款轿车在第十二届北京国际汽车展览会上亮相，于次年 12 月正式发售。作为王朝系列的首款车型，比亚迪以中国历史上大一统王朝"秦"为其命名，寓意着发展、壮大的决心。"秦"作为王朝系列的首款插电式混合动力轿车，外观设计独特，动力性能出色，是中国新能源汽车市场的明星产品。

比亚迪王朝系列车型包括秦（图 3-25）、汉、唐、宋、元。

图 3-25　比亚迪王朝系列车型——秦

2. 比亚迪海洋系列

比亚迪海洋系列是比亚迪旗下一个综合型销售网络的重要组成部分，以更鲜明的新能源属性和更年轻的产品定位为核心特点，与王朝系列的成熟稳重相比更年轻化、运动化、智能化，内饰相对简洁环保，设计独具风格。该系列车型涵盖了纯电和混动两大产品，以满足不同消费者的需求和喜好。

在纯电领域，比亚迪推出了海洋生物系列，这些车型基于 e 平台 3.0 技术打造，具备高效、安全、智能的特点。其中，海豚为海洋生物系列的首款车型（图 3-26），凭借灵动、时尚的外观设计和出色的性能赢得了年轻消费者的青睐。

图 3-26　比亚迪海豚

在混动领域，比亚迪推出了军舰系列，这些车型搭载了 DM-i 超级混动技术，实现了强劲的动力输出和较低的油耗表现。军舰系列车型在外观设计上同样充满了力量感和运动感，展现了比亚迪在新能源领域的创新实力。

比亚迪海洋系列车型包括海豚、海狮、海豹、海鸥、驱逐舰、护卫舰。

3. ▶ 方程豹系列

方程豹系列是比亚迪汽车公司旗下的专业个性化品牌系列（俗称"F 品牌"），于 2023 年 6 月 9 日正式定名。方程豹汽车并应用比亚迪的专业新能源"豹力科技"，基于消费者日益增长的个性化需求，探索"电"的更多可能，方程豹汽车通过比亚迪的专业新能源"豹力科技"，打造唤醒每个人内心本能的"个性化生命体"。

全能豹 5 是方程豹汽车的第一款车型（图 3-27），以超级混动硬派 SUV 为定位，并搭载 DMO 超级混动越野平台，使用云辇 -P 技术，可以为用户提供前所未有的新能源个性体验。而作为个性化品牌，方程豹汽车也将产品的最终呈现形态最大限度地交由用户定义，因此，全能豹 5 在外观上也为用户预留了较大的改装潜力。

图 3-27　全能豹 5

4. ▶ 仰望系列

仰望系列是比亚迪百万级高端新能源品牌，自推出以来，在销量和口碑方面都取得了显著的成绩。仰望 U8（图 3-28）作为仰望品牌的首款车型，选择了硬派越野这一难度系数颇高的赛道，上市后销量颇佳。

图 3-28　仰望 U8

七、蔚来汽车

蔚来汽车是一家成立于 2014 年的智能电动汽车企业，其有几个主要发展阶段。

1. 初期发展阶段（2014—2016 年）

蔚来汽车在初期发展阶段主要专注于研发和生产电动汽车。他们吸引了淡马锡、百度、红杉资本、厚朴、联想集团、华平、TPG、GIC、IDG、愉悦资本等数十家知名机构的投资，为公司的研发和生产提供了强大的资金支持。

2. 产品推出与上市阶段（2016—2018 年）

2016 年 11 月，蔚来汽车首次亮相，推出了首款量产车型（蔚来 EP9），如图 3-29 所示。这是一款电动超级跑车，具有惊人的加速性能和高速行驶能力，一经出世便引起了人们的广泛关注。2017 年 9 月，蔚来汽车在美国纳斯达克证券交易所成功上市，成为中国首家在美国上市的新能源汽车制造商。上市后，蔚来汽车获得了大量资金支持，进一步推动了公司的发展。2018 年 4 月，该公司推出了蔚来 ES8（图 3-30），这是一款七座电动 SUV，具有卓越的续航能力。

图 3-29　蔚来 EP9

图 3-30　蔚来 ES8

3.　创新科技与用户体验升级阶段（2019—2020 年）

蔚来汽车致力于为用户提供更好的智能出行体验，通过创新科技不断提升产品和服务，不断推出新车型，不断提高各项技术水平。

八、小鹏汽车

小鹏汽车是一家成立于 2014 年的智能电动汽车公司，与蔚来、理想并称"新势力造车三巨头"，总部位于中国广东省广州市。它是由何小鹏、夏珩、何涛三位联合创始人共同创立的，团队主要成员来自广汽、福特、宝马、特斯拉、德尔福、法雷奥等知名整车与大型零部件公司，以及阿里巴巴、腾讯、小米、三星、华为等知名互联网科技企业。小鹏汽车作为一家互联网电动汽车品牌，在产品设计和科技应用方面有着较为突出的表现。

2018 年 1 月，小鹏汽车交付了 39 辆小鹏 G3，并成为首家进入乘联会新能源车销量榜的互联网造车企业。

小鹏 P7 鹏翼版（图 3-31）是小鹏汽车推出的一款中型纯电动轿车，于 2020 年 4 月 27 日正式上市。作为小鹏汽车的第二款量产车型，小鹏 P7 在设计、性能、科技配置等方面都展现出了小鹏汽车的创新实力和品质追求。自上市以来，小鹏 P7 凭借其出色的产品获得了良好的市场口碑，成为小鹏汽车的一部大作。它不仅为用户提供了高品质的驾乘体验，也为小鹏汽车的品牌形象和市场地位带来了积极影响。

图 3-31　小鹏 P7 鹏翼版

2020 年 8 月，小鹏汽车于纽约证券交易所上市，以 XPEV 为股票代码。这是小鹏汽车发展史中的里程碑，标志着该公司正式进入资本市场。

2021 年，小鹏汽车继续发展壮大。2021 年 4 月 14 日，小鹏汽车正式推出小鹏 P5（图 3-32）。2021 年 10 月 11 日，小鹏汽车的第 10 万台整车正式下线。2021 年，小鹏汽车成为全球最具价值的 500 家公司之一。

图 3-32　小鹏 P5

然而，在 2023 年 12 月 21 日，小鹏汽车宣布其首款量产车型 G3 及其改款产品 G3i 将于年内停产。这可能是小鹏汽车在调整产品线，以适应市场需求和自身发展战略的变化。未来，小鹏汽车将继续推出更多高品质的车型，为用户提供更加丰富的选择。

九、理想汽车

理想汽车是一家中国的新能源汽车制造商，于 2015 年 7 月创立，总部位于北京。该公司的创始人是李想，他曾创办过全球访问量最大的汽车网站——汽车之家。理想汽车的主营业务包括设计、研发、制造和销售豪华智能电动汽车。

理想汽车的首款产品是理想 ONE（图 3-33），这是一款智能电动中大型 SUV，于 2018年 10 月发布。其上搭载了领先的增程电动技术与智能科技，共有 6 个座位为家庭用户提供了舒适的乘坐空间。2020 年，理想 ONE 获得了中国新能源 SUV 市场销量冠军，并同时成为售价 30 万元以上国产车型中的销量冠军。截至 2022 年 6 月，理想 ONE 的累计交付量已经超过 18 万辆。

除了理想 ONE 外，理想汽车的在售车型还有理想 L9（图 3-34）、理想 L8 和理想 L7。未来，理想汽车还计划推出理想 L6 和理想 L5 等新产品。理想汽车的理念是通过产品创新及技术研发，为家庭用户提供安全及便捷的产品及服务。在中国，理想汽车是实现增程式电动汽车商业化的先锋。

图 3-33 理想 ONE

图 3-34 理想 L9

十、问界汽车

问界汽车（图 3-35）是赛力斯汽车有限公司旗下的高端新能源品牌，诞生于 2021 年 12月。虽然问界汽车是华为和赛力斯联合发布的，但实际上其还是独属于赛力斯汽车，不属于华为。华为主要为问界汽车提供智能化解决方案，并在产品设计、产业链管理、质量管理、软件生态、用户经营、品牌营销、销售渠道等方面提供支持。

图 3-35 问界汽车

至于问界汽车的发展情况，可以说是相当不错。问界汽车凭借新 M7 与 M9 等热门车型，在竞争激烈的新能源汽车赛道中脱颖而出。2024 年 1 月，问界全系交付新车 32 973 辆，首次超越老对手理想，而 2024 年 2 月，问界全系交付新车 21 142 辆。此外，问界 M9 上市仅 62 天，销量便突破 5 万辆。

十一、零跑汽车

零跑汽车是一家成立于 2015 年 12 月 24 日的科技型智能电动汽车品牌，隶属于浙江零跑科技股份有限公司。自成立以来，零跑汽车一直坚持核心技术的自主研发，成功自研智能动力、智能网联、智能驾驶三大核心技术，成为拥有智能电动汽车完整自主研发能力以及掌握核心技术的整车厂商。

零跑汽车的车系涵盖了入门级电动微型车、电动小型车以及电动中型 SUV，包括零跑 S01、零跑 T03、零跑 C11 等。零跑 T03 定位于入门级纯电动微型车（图 3-36），凭借轻巧灵活的转向和紧凑的车身设计，穿梭在狭窄的城市道路中时毫无压力。零跑 C11 的定位是纯电动中型 SUV（图 3-37），搭载了自研的新一代电驱系统，且三合一电驱总成的最高效率超过 93.2%。

图 3-36　零跑 T03

图 3-37　纯电动中型 SUV 零跑 C11

十二、小米汽车公司

小米汽车公司是小米集团的全资子公司，负责智能电动汽车业务。2021 年 3 月 30 日，雷军宣布小米集团将成立一家全资子公司，负责智能电动汽车业务。小米集团首席执行官雷军先生兼任智能电动汽车业务的首席执行官。

2023 年 12 月 27 日，小米汽车正式加入小米"人车家全生态"。同年 12 月 28 日，雷军在小米汽车技术发布会上展示小米首款汽车——小米 SU7，如图 3-38 所示。该车的定位是 C 级高性能生态科技轿车。

2024 年 3 月 28 日，小米 SU7 正式发售，且销量远超预期。

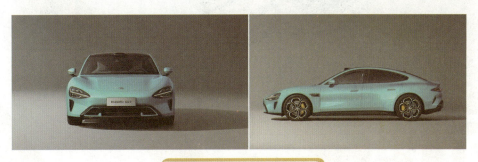

图 3-38　小米 SU7

十三、岚图汽车

岚图是东风汽车集团为打造高端智能电动车而创立的新品牌，创立于 2019 年 4 月。

岚图以让"汽车驱动梦想，为美好生活赋能"为品牌使命，整合东风汽车集团公司 50 多年的造车技术和优势资源，打造零焦虑高端智能电动汽车，旨在成为高端新能源乘用车的领先者。

2021 年 6 月，岚图汽车首款车型"性能级智能电动 SUV"岚图 FREE 正式上市。

2022 年 12 月 15 日，岚图追光正式亮相，它是一款拥有全方位极致表现的豪华电动轿车，如图 3-39 所示。岚图追光是岚图汽车首个搭载 ESSA 与 SOA 智能电动仿生体的量产车型，领先的技术架构可以保证其在性能、智能、安全等各维度的表现都达到较高的水平。

图 3-39　岚图追光 PHEV

思维拓展

请收集中国汽车某一民族品牌的历史、现状以及未来发展趋势的相关资料，然后以其品牌代言人的身份向其他同学介绍该品牌的未来发展规划并向他们推销该品牌的某款产品。

单元四

汽车设计

多年来，汽车的外在造型发生了很大的变化。本单元深入挖掘汽车造型的特性，总结出汽车外形包含的三个基本要素，即功能性、美学因素、安全性。本单元要求同学们在设计汽车车标时考虑多种因素，包括品牌定位、目标市场、设计风格等。

第一节　汽车外形设计

在不同的社会发展阶段，轿车造型的设计会有截然不同的历史进程和文化背景。同时，汽车自身的艺术形象往往也会映射出时代的特点，还能展现出整个国家的科学技术、文化水准和国民素质。在本节中，同学们需要从不同的角度来探讨汽车的外形设计方法并结合实际情况考虑怎样才能设计出前卫的造型。

一、马车型车身

早期的汽车是通过在马车车身上安装内燃机制成的，如图4-1所示。1886年，戴姆勒成功地试制出第一台四轮汽车，如图4-2所示。

图4-1　早期的汽车

图4-2　第一台四轮汽车

二、箱型车身

由于马车型车身很难抵挡风雨的侵袭，福特汽车公司便设计出了一种汽车，这种汽车的车室部分很像大箱子，还装上了门和窗，于是人们将其称为箱型汽车，如图4-3所示。

图4-3　箱型汽车

三、流线型汽车

1934年，克莱斯勒公司生产的气流牌轿车首先采用了流线型车身外形，如图4-4所示。

图4-4　流线型汽车

1936年，福特公司在"气流"的基础上，加以精练并吸收商品学要素，研制成功林肯和风牌流线型小客车。此车的散热器罩很精练，还具有动感。

四、船型汽车

20世纪50年代，为追求舒适、宽敞的乘坐空间，人们设计出了船型车身，如图4-5所示。1949年，福特汽车公司的V8轿车首先开创了船型车身的先河。船型车身的重要特点是开始应用人体工程学设计车身，把乘坐位置放在汽车中部，把发动机放在前部，把行李舱放在后部，还取消了脚踏板和单独的翼子板。另外，这种设计在扩大汽车内部空间的同时，也减少了汽车侧面的空气阻力。

图4-5　船型汽车

五、鱼型汽车

船型汽车的尾部由于向后伸出，形成阶梯状，在高速行驶时会产生较强的空气涡流。为了克服这一缺陷，人们把船型汽车的后窗玻璃逐渐倾斜。由于斜背式汽车的背部像鱼的脊背，便被称为鱼型汽车，如图4-6所示。

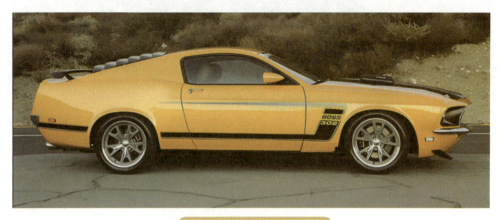

图4-6　鱼型汽车

六、楔形汽车

为了从根本上解决鱼型汽车的升力问题，人们设想出各种方案，最后设计出了楔型汽车，如图4-7所示。此车的车身整体向前下方倾斜，后部像被刀切出来那样平直，这种造型能有效克服升力。

图4-7　楔形汽车

七、子弹头汽车

汽车外形发展到楔形以后，升力问题基本上得到了解决。当生活水平逐渐提高后，人们不再满足于只将汽车作为交通工具使用，希望其拥有更多的功能。为了更好地使汽车兼顾商务、家用和旅游休闲等功能，一种新型的轿车——多用途轿车出现了，如图4-8所示。

图 4-8 子弹头汽车

第二节 汽车色彩搭配

色彩一直是人们持续探索的主题。随着汽车工业的发展和汽车数量的不断增加，如何选择汽车的色彩已成为消费者特别关注的问题。现在，汽车车身颜色已告别单一颜色，走向多元化。汽车色彩搭配能够提升汽车的美观度，还能为汽车赋予不同的个性和氛围。人们在选择汽车色彩时需要考虑多种因素，包括个人喜好、汽车用途、使用环境等。在本节中，同学们需要从不同的角度来探讨汽车的色彩搭配技巧。

一、个人喜好

汽车是供人们长期使用的交通工具，在选择时，需要考虑个人喜好。如果一个人十分有个性，可以选择比较鲜艳的色彩，如红色、黄色等；如果一个人比较低调，可以选择比较稳重的色彩，如黑色、白色等。

二、汽车用途

汽车的用途也是选择色彩时需要考虑的重要因素。不同类型的汽车需要不同的色彩搭配，如商务车需要使用比较稳重的色彩，而跑车则需要使用比较鲜艳的色彩。此外，如果经常在恶劣的环境中行驶，就需要为汽车选择比较耐脏的颜色，如灰色、深蓝色等。

三、环境

　　环境也是选择汽车色彩的重要因素，在不同的地区和气候条件需要为汽车选择不同的色彩，如在阳光充足的地区，选择比较明亮的颜色可以更好地反射阳光，减少车身对于热量的吸收；而在下雨比较多的地区，应为汽车选择一些比较深的颜色，这样有助于吸收光线，保持温度。

四、色彩搭配

　　在选择汽车时，还需要考虑不同颜色之间的搭配。好的色彩搭配可以让汽车看起来更加协调、美观。以下是一些常见的汽车色彩搭配技巧。

1. 对比色搭配

　　对比色搭配是一种常见的搭配方式，这种搭配方式是指将两种颜色放在一起，一种颜色的明度和饱和度要比另一种颜色的更高。例如，黑色汽车可以搭配白色的车顶，这样可以让整体看起来更加有层次感。

2. 类似色搭配

　　类似色搭配是指将相似的颜色放在一起。这种搭配方式可以让汽车看起来更加协调和统一。例如，灰色汽车可以搭配深灰色的车顶，这样可以让整体看起来更加稳重和大气。

3. 三色搭配

　　三色搭配是指将三种颜色放在一起，其中一种颜色要作为主色调，其他两种颜色作为辅助色调。这种搭配方式可以让汽车看起来更加丰富和多样化。例如，红色汽车可以搭配黑色的车顶和白色的车门，这样可以让整体看起来更加时尚动感。

　　在选择汽车色彩时，需要根据个人喜好、汽车用途和使用环境等因素选择；同时，还需要注意不同颜色之间的搭配，以达到更好的视觉效果。

4. 汽车车身颜色的选择及其特性本质的颜色

（1）银灰色

　　这是最能反映汽车本质的颜色，具有金属质感、整体感、科技感及炫酷感，耐脏，但是不醒目。银灰色汽车的代表车型如英菲尼迪 Q60（图 4-9）。

图 4-9　英菲尼迪 Q60

（2）白色

　　白色是中性色，给人以明快、活泼、纯净的感觉，耐脏，但长期使用易发黄。白色汽车代表车型如日产 GTR（图 4-10）。

图 4-10　日产 GTR

（3）黑色

　　黑色是中性色，代表保守和自尊，给人以庄重、尊贵、严肃的感觉，但不耐脏。黑色一直是商务车最受青睐的颜色。黑色汽车代表车型如本田雅阁（图 4-11）。

图 4-11　黑色的本田雅阁汽车

（4）红色

红色给人以跳跃、兴奋、欢乐的感觉。红色汽车代表车型如法拉利（图4-12）。

图4-12　法拉利

（5）蓝色

蓝色代表从容、淡定，给人以宁静的感觉。蓝色汽车代表车型如奥迪R8（图4-13）。

图4-13　奥迪 R8

（6）黄色

黄色给人以欢快、温暖、活泼的感觉。黄色汽车代表车型主要有兰博基尼、福特新嘉年华等。香槟色是黄色的派生色，代表车型如福特野马（图4-14）。

图4-14　福特野马

（7）绿色

绿色给人以青春、自然、温和的感觉。绿色汽车代表车型如兰博基尼 Huracan（图 4-15）。

图 4-15　兰博基尼 Huracan

第三节　汽车车标的演变过程

　　汽车车标是汽车品牌的重要组成部分，不仅代表了汽车的品质和形象，也是识别汽车的重要标志。因此，在设计汽车车标时，需要考虑多个因素，包括品牌定位、目标市场、设计风格等。在本节中，同学们需要从以上几方面来探讨汽车车标设计的要点。

一、品牌定位

　　汽车车标设计的首要任务是要传达出品牌的定位和价值观。品牌定位是指特定的品牌在文化取向及个性差异上的商业性决策，它决定了汽车车标的设计风格和元素。汽车的品牌定位可以是高端豪华、经济实惠、运动时尚等，而不同的定位需要用不同的车标来传达。

　　例如，奔驰汽车的品牌定位是高端豪华，因此其车标设计采用了经典的三叉星设计，象征着卓越的品质和高端的形象；而大众汽车旗下的斯柯达汽车的定位则是高性价比、实用、可靠，其车标设计采用了飞翔的箭头元素，传达着环保的理念。

二、目标市场

　　另外，设计汽车车标时还需要考虑到目标市场的需求和喜好。不同的汽车品牌针对不同的市场，需要有相应的车标设计来吸引目标客户。例如，对于年轻人和追求时尚的消费者，汽车车标设计需要更加年轻化和时尚化；而对于家庭乘用车市场，汽车车标的设计需要更加稳重和实用。

　　以特斯拉为例，其车标采用了简洁的字体和流线型的图案，传达出该品牌的创新性和科技感，吸引了很多年轻消费者的关注。

三、设计风格

　　汽车车标的设计风格也是非常重要的，不同的设计风格可以传达出不同的品牌形象和价值观。常见的汽车车标设计风格有简约、现代、经典等。

　　简约风格的车标通常采用简单的线条和形状，让人一眼就能识别品牌。例如，宝马汽车的车标设计采用了简单的蓝白相间的标志，传达出品牌的运动和豪华形象。

　　现代风格的车标则更加注重传达时尚感和科技感。例如，新能源汽车比亚迪的车标设计采用了流线型的图案和科技感十足的色彩，传达出品牌的创新和环保形象。

　　经典风格的车标则更注重传达传统和历史的传承。例如，福特汽车的车标设计采用了经典的 Ford 英文单词，传达出品牌的历史和传统形象。

四、车标演变

1. 德国车标

（1）大众车标

　　大众车标经历了多次演变。最初，大众车标是一个带有"Volkswagen"字样的圆环，象征着汽车属于人民，追求普及和实用性；1964 年大众开始生产汽车，此时的车标在原有基础上增加了抽象的汽车轮廓图案；1976 年，大众推出了新的车标，将汽车轮廓图案与"Volkswagen"字样融合在一起，形成了更加简洁、现代化的标志。

　　1991 年，大众进行了一次重大的品牌形象改革，也将车标更新了。其新的车标仍然保留了抽象的汽车轮廓图案，但在线条上更加简洁、流畅，也更加具有现代感。2008 年，大众进一步优化了车标设计，将原来的立体图案改为平面图案，还添加了更加鲜明的色彩，使车标更加简洁、易于识别。至今，大众车标仍在不断地演变和优化，但始终保持着简洁、现代、实用的风格，体现了大众品牌一直以来的追求，如图4-16所示。

图4-16　大众车标演变过程

（2）奔驰车标

作为全球知名的汽车品牌，奔驰车标经历了多次演变。时至今日，奔驰汽车的车标仍然保持了一定的抽象性，但更加简洁和现代化。需要注意的是，尽管奔驰的车标经历了多次演变，但始终代表了该公司的核心价值观和品牌形象。奔驰车标演变过程如图4-17所示。

图4-17　奔驰车标演变过程

（3）宝马车标

宝马车标一直以来都保持着蓝天、白云和旋转不停的螺旋桨设计，这个设计代表了宝马汽车的自由、独立和创新精神。宝马汽车的早期车标是圆形的，中间有一个双色的M。1950年，宝马汽车将车标的设计改为了现在我们所熟知的蓝天白云的标志，这个标志一直沿用至今，成为宝马汽车的标志性设计。需要注意的是，宝马汽车的车标在整体设计上并没有发生太大的变化。宝马车标演变过程如图4-18所示。

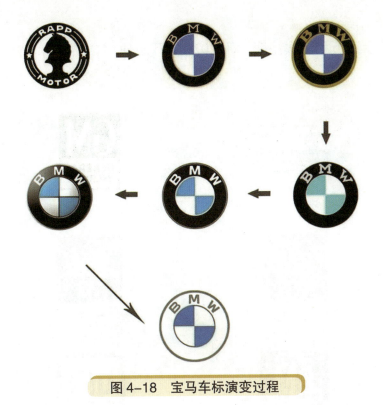

图4-18 宝马车标演变过程

（4）奥迪车标

奥迪作为一家历史悠久的汽车制造商，它的车标经历了多次演变。

自2010年以来，奥迪一直使用现代风格的四环车标，其更加简洁、清晰，也保持了奥迪的历史和传统。奥迪车标演变过程如图4-19所示。

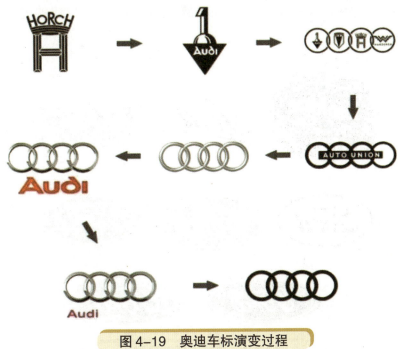

图4-19 奥迪车标演变过程

2. 美国车标

（1）通用车标

通用汽车的车标经历了多次演变，于2021年开始使用全新车标。通用车标演变过程如图4-20所示。

图 4-20　通用车标演变过程

（2）福特车标

福特汽车公司的车标经历了多次演变，车标越来越简洁、现代化，仅保留了Ford字样，并使用了更加鲜明的颜色。福特车标一直在不断演变，以适应时代的变化和品牌的发展需求，如图4-21所示。

图 4-21　福特车标演变过程

（3）克莱斯勒车标

作为一家有着长久历史的汽车制造商，克莱斯勒的车标经历了多次演变。早期的车标比较简单。这个设计一直使用到 20 世纪 80 年代。21 世纪初，克莱斯勒再次更新了车标设计，这次更新主要是在原有基础上加入了更多的细节，变得有现代感。目前，克莱斯勒车标仍在不断演变和更新，其可能会在未来的某个时间再次调整车标设计，以适应市场和消费者的需求，如图 4-22 所示。

图 4-22　克莱斯勒车标演变过程

三　日本车标

（1）丰田车标

丰田汽车的车标经历了多次演变。1989 年，丰田汽车推出了人们所熟知的车标，它由三个相互连接的圆圈组成，代表了丰田汽车全球化和多元化的特点。同时，这个车标还体现了丰田汽车的可靠性和耐用性。丰田车标演变过程如图 4-23 所示。

图 4-23　丰田车标演变过程

（2）本田车标

在过去的几十年里，本田汽车的车标并没有发生太大变化，主要是在设计上进行了一些微调，以适应时代的变化和品牌形象的提升。值得注意的是，本田车标不仅是一个简单的符号，还代表了本田汽车的企业文化和价值观。本田汽车一直秉承"让每个人都能享受汽车的乐趣"的理念，致力于为消费者提供高质量、高性能的汽车产品。本田车标演变过程如图 4-24 所示。

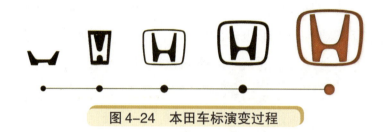

图 4-24　本田车标演变过程

（3）日产车标

作为一家拥有悠久历史的汽车制造商，日产汽车（以下简称"日产"）的车标经历了多次演变。日产汽车的历史可以追溯到 1933 年，当时它被称为"日本汽车制造商"，最初的车标是一个简单的椭圆形中间有一个代表日本的红色背景、注有"NISSAN"字样的标牌。1960 年，日产推出高端车型公爵，并为其专门修改了车标。1967 年，日产再次更换车标，上面的字体变得更清晰工整。1970 年，日产的车标继续向工整化方向发展，字体更加规整。为了突出国家形象，1978 年，日产继续调整车标，在上一版的基础上加入圆形元素，代表日本国旗。2001 年，日产再次把车标中的圆形放大，并把中间挖空，将一些棱角调整得更顺滑，以突出精致感。

日产车标经历了多次演变，但始终保留了代表公司核心价值观的设计元素，如图 4-25 所示。

图 4-25　日产车标演变过程

（4）三菱车标

作为一家拥有悠久历史的汽车制造商，三菱车标经历了多次演变。其核心价值观和企业精神始终如一，致力于为客户提供高品质、可靠的产品和服务。三菱车标演变过程如图4-26所示。

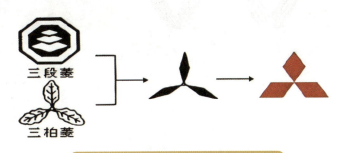

图 4-26　三菱车标演变过程

4. 法国车标

（1）雪铁龙车标

作为一家拥有百年历史的汽车制造商，雪铁龙经常改变车标。进入21世纪后，雪铁龙车标更加简洁、现代化，也突出了品牌的独特性和创新精神。雪铁龙车标演变过程反映了品牌不断发展和创新的精神，也体现了法国的文化和价值观，如图4-27所示。

图 4-27　雪铁龙车标演变过程

（2）雷诺车标

雷诺汽车的车标经历了多次演变。进入21世纪后，雷诺汽车的车标进行了一次重大的更新，新的设计更加简洁、现代，同时也更加具有识别性。雷诺车标经历了多次演变，反映了该公司的历史、发展和国际化战略，如图 4-28 所示。

图 4-28　雷诺车标演变过程

5. 意大利车标

（1）菲亚特车标

1899 年，菲亚特汽车公司在意大利成立。菲亚特车标经历了多次演变，反映了该公司的发展历程和战略变化。菲亚特车标演变过程如图 4-29 所示。

图 4-29　菲亚特车标演变过程

（2）法拉利车标

法拉利车标设计独特且富有魅力。后来，法拉利将车标从传统的平面设计转化为立体设计，进一步强调了法拉利作为豪华跑车制造商的地位。法拉利车标演变过程如图 4-30 所示。

图 4-30　法拉利车标演变过程

（3）兰博基尼车标

兰博基尼汽车上的牛象征着速度、力量、勇猛善战和胜利，代表着创始人费鲁吉欧·兰博基尼对战法拉利的精神图腾，也体现了兰博基尼品牌的初心。

兰博基尼车标上的牛和当年火爆欧洲的斗牛比赛有直接关系。其车标上的这头牛是来自决斗场上的一头战无不胜的公牛，而这头公牛浑身上下散发着"唯我独尊"的气息，代表"只为战斗而生，只为胜利而来"，而这点正好吻合兰博基尼品牌成立的初心。

兰博基尼车标演变过程如图4-31所示。

图4-31 兰博基尼车标演变过程

（4）玛莎拉蒂车标

作为一家意大利汽车制造商，玛莎拉蒂的历史可以追溯到1926年。玛莎拉蒂汽车车标经历了多次演变。同时，玛莎拉蒂始终坚持其传统的意大利设计理念，将精湛的工艺应用在每辆汽车上。玛莎拉蒂车标演变过程如图4-32所示。

图4-32　玛莎拉蒂车标演变过程

6.　英国车标

（1）捷豹车标

　　捷豹是一家英国豪华汽车制造商，其标志性的标志是一只奔跑的豹子。自2001年以来，捷豹的车标又经历了一次简化过程。现在的车标采用更加扁平化和简洁化的设计，保留了豹子的轮廓，并使用了金属质感和镀铬效果，这使其更加具有现代化和时尚感。捷豹车标演变过程如图4-33所示。

图4-33　捷豹车标演变过程

（2）路虎车标

路虎车标一直在不断演变，以适应品牌的发展和市场的变化。2000 年以后，路虎的车标一直在不断演变，以适应品牌的发展和市场的变化，但都体现出路虎汽车的品牌理念和价值观。路虎车标演变过程如图 4-34 所示。

图 4-34　路虎车标演变过程

7. 中国自主品牌汽车车标

（1）比亚迪车标

比亚迪车标一直没有发生太大的变化，一直以来都以 BYD 三个字母为主要元素。这个在比亚迪各款汽车中都得到了广泛应用。需要注意的是，在不同的产品和市场定位中，比亚迪汽车以不同的设计风格和元素来区分不同的车型和定位。比亚迪车标演变过程如图 4-35 所示。

图 4-35　比亚迪车标演变过程

（2）长安车标

长安车标一直在不断发展。长安汽车的车标演变过程不仅反映了品牌不断发展的过程和创新的精神，也展示了长安汽车在汽车行业中的地位和实力。长安车标演变过程如图 4-36 所示。

图 4-36　长安车标演变过程

（3）五菱车标

五菱车标一直以来都以其独特的设计为消费者所认可。在中国汽车市场，五菱汽车一直以其良好的口碑、优质的产品和实用的车型受到消费者的喜爱。同时，五菱汽车也在不断创新和发展，以满足消费者的各种需求。五菱车标演变过程如图 4-37 所示。

图 4-37　五菱车标演变过程

（4）奇瑞车标

奇瑞车标发展历史可以说是中国本土汽车品牌成长史的缩影。自奇瑞汽车成立以来，其车标经历了从初期的设计到不断优化和升级的过程，体现了企业自身从探索到成熟再到追求创新和卓越的发展轨迹。

随着时间的推移，奇瑞车标在保持原有基本元素的基础上进行了多次优化。各种新的设计不仅体现了奇瑞汽车对品牌形象的持续更新，也象征着企业在不断发展。奇瑞车标演变过程如图 4-38 所示。

图 4-38　奇瑞车标演变过程

（5）吉利车标

吉利汽车的车标经历了多次演变。随着时间的推移，吉利汽车的车标进行了一系列的修改。现在，吉利车标已经成为非常独特和具有辨识度的标志，它代表了吉利汽车的品牌形象和企业文化，也是吉利汽车不断创新和发展的象征。吉利车标演变过程如图4-39所示。

图4-39　吉利车标演变过程

（6）红旗车标

1958年，早期红旗的前车标设计为一面迎风飘扬的红旗，车身侧面有五面红旗标识，后车标是"红旗"两个汉字，底部辅以"HONGQI"的拼音标识。1964年以后，红旗轿车内开始出现独特的金葵花车标，如图4-40（a）所示，该车标一般都出现在车轮以及方向盘上。金葵花车标中的向日葵代表一心向党，红旗由五面变成了三面，代表了"总路线""大跃进"和"人民公社"。1981年，红旗车停产，但研发从未停止。1988年，陷入困境的红旗开始与奥迪合作。1996年，基于奥迪100设计的红旗7720投产。2002年上市的红旗明仕车型更换了新的Logo——"1"字型红旗车标。以第1的"1"字型为依托，将代表全球的椭圆与"1"字型结合起来，强调了红旗争做"第1"的品牌名称及决心。该车标采用了几何形状和流线型设计，突出了红旗汽车的现代感和科技感，这一次车标更换标志着红旗汽车进入更为开放和自信的阶段。

2018年，全新盾牌车标问世，其理念来源于迎风飘扬的红旗，象征奋进向上的红旗精神。标识采用金色与红色的搭配，体现中国特色，突出了精致感，对开的红旗寓意红旗品牌旗开得胜，并以经纬线条展现万物互联的新时代，如图4-40（b）所示。

（a）　　　　　　　　（b）

图 4-40　红旗车标演变过程
（a）金葵花车标；（b）全新盾牌车标

　　总之，汽车车标设计是种综合性的工作，需要考虑品牌定位、目标市场和设计风格等多种因素。一个成功的汽车车标设计不仅能够传达出品牌的形象和价值观，还能够吸引目标客户的关注。

思维拓展　→

　　1. 为五菱汽车设计车标。

　　2. 根据自己的想法设计一款汽车造型，可随意搭配颜色。

单元五

汽车安全技术

随着汽车时代的到来，人们的生活更加便利，但也不得不面临汽车带来的严重威胁——交通事故。汽车企业通过引入各种先进的技术设备和系统，帮助驾驶员更好地操控汽车，减少驾驶过程中意外状况的发生概率，并在意外发生时及时提供有效的保护措施。随着科技的不断进步，汽车安全技术也不断更新和智能化，汽车的安全性不断提高，可以更好地保护驾乘人员。

第一节 汽车主动安全技术

随着汽车保有量的逐年增长，道路交通安全问题日益突出。汽车主动安全技术作为提高行车安全、降低交通事故风险的重要手段，越来越受到人们的关注。在本节中，同学们需要掌握主动安全技术的概念以及主动安全系统技术在汽车上的应用。

一、主动安全技术概念

汽车主动安全技术是指通过车辆自身的技术装备，能够在遇到危险情况时主动采取措施，保障车辆和驾乘人员安全的一种技术。随着科技的不断进步和人们对汽车安全性能要求的不断提高，汽车主动安全技术也在不断完善。

二、现代汽车主动安全技术应用

1. 制动辅助系统

制动辅助系统是一种能够在紧急情况下提供额外制动力的系统，能够提高汽车行驶安全性，最大限度降低事故发生率，其中最常见的是电子控制制动辅助系统（EBA）、防抱死制动系统（ABS）和电子制动力分配系统（EBD）。

（1）电子控制制动辅助系统

电子控制制动辅助系统主要功能是在车辆行驶过程中全程监测刹车踏板。正常刹车时该系统不会介入，驾驶员可自行决定刹车时的力度大小，但当其侦测到驾驶员忽然以极快的速度和力量踩下刹车踏板时，会被判定为需要紧急制动，于是会对刹车系统加压，以增强并产生强大的刹车力道，让车辆及驾乘人员迅速脱离险境。车辆有 EBA 的制动状态和无 EBA 的制动状态如图 5-1 所示。

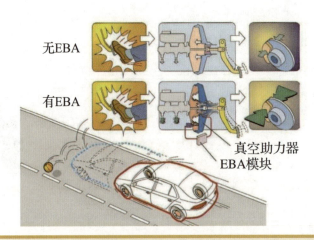

图 5-1　车辆有 EBA 的制动状态和无 EBA 的制动状态

（2）防抱死制动系统

《机动车运行安全技术条件》（GB 7258—2004）中要求把 ABS 作为乘用车出厂的标准配置。

ABS 的作用是在汽车制动时，自动控制制动器制动力的大小，从而使车轮不抱死，处于边滚边滑的状态，以保证在车轮与地面的附着力达到最大值时，车轮还具有转向能力。车辆有 ABS 和无 ABS 的制动状态如图 5-2 所示。

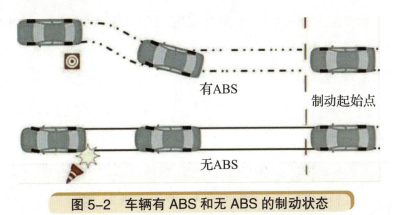

图 5-2 车辆有 ABS 和无 ABS 的制动状态

（3）电子制动力分配系统

电子制动力分配系统是在 ABS 原有的基础上发展而来的一种系统。它可以在制动时控制制动力在各轮间的分配，更好地利用车轮的附着系数，不仅提高了汽车制动的稳定性和操纵性，而且能使各个车轮能够获得更好的制动性能，缩短制动距离，提高安全性。汽车制动力分配的具体情况如图 5-3 所示。

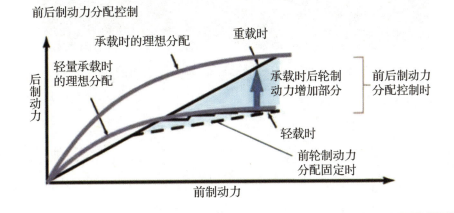

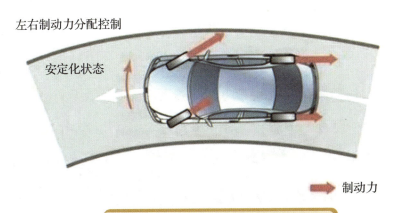

图 5-3 制动力分配的具体情况

2 电子稳定装置

电子稳定装置（ESP）由奔驰汽车公司首先应用在奔驰 A 级车上。ESP 实际上是一种牵引力控制系统，与其他牵引力控制系统比较，ESP 不但可以控制驱动轮，而且可以控制从动轮。当后轮驱动汽车出现转向过多的情况时，后轮会因失控而甩尾，此时 ESP 便会通过降低前轮转速来稳定车身；当其转向过少时，为了校正循迹方向，ESP 则会通过降低内后轮转速来校正车辆的行驶方向。车辆有 ESP 和无 ESP 紧急制动时的状态如图 5-4 所示。

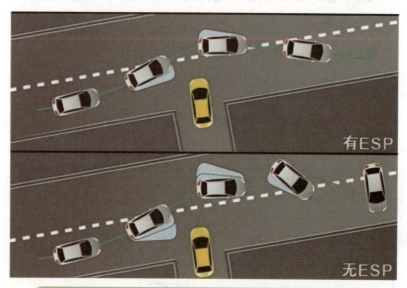

图 5-4 车辆有 ESP 和无 ESP 紧急制动时的状态

3 牵引力控制系统

牵引力控制系统（TCS）也称驱动防滑系统（ASR），能使汽车在各种行驶状况下获得最佳牵引力。其作用就是防止车辆尤其是大功率车辆在起步、加速时驱动轮打滑，以维持车辆行驶方向的稳定性。车辆有 ASR 和无 ASR 的区别如图 5-5 所示。

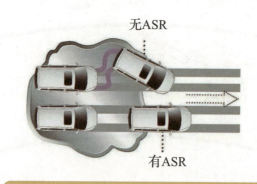

图 5-5 车辆有 ASR 和无 ASR 的区别

4. 车辆稳定性控制系统

车辆稳定性控制系统（VSA）是具有世界先进水平的、可以提高车辆稳定性和行驶安全性的控制系统。该系统除具有传统的 ABS 功能和 TCS 功能外，还具有防滑控制功能，能够最大限度地确保车辆的行驶安全。车辆转向不足和转向过度的情况如图 5-6 所示。

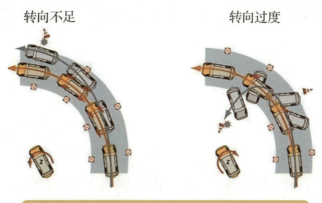

图 5-6　车辆转向不足和转向过度的情况

5. 胎压监测

轮胎压力监测系统（TPMS）是通过在汽车行驶过程中对轮胎气压进行实时自动监测，并对轮胎漏气和低气压情况报警来确保行车安全的系统，如图 5-7 所示。

图 5-7　轮胎压力监测系统

第二节　汽车被动安全技术

不同类型的汽车被动安全技术在实际应用中都面临着一些挑战。例如，传感器的布置需要确保传感器能够准确感知碰撞的发生并及时触发相关的保护机制；防护范围需要确保各种保护措施能够覆盖乘员身体的关键部位，最大限度地减少伤害。在本节中，同学们需要掌握被动安全的概念和汽车被动安全技术的应用。

一、汽车被动安全技术概念

被动安全技术是指在交通事故发生后，通过车辆内部的结构设计和装置来减少乘员伤害的技术。此技术在事故发生时，可以通过吸收碰撞能量、限制乘员移动等方式尽可能地保护他们的生命安全。被动安全技术对于减少交通事故中的人员伤亡具有至关重要的作用。

二、现代汽车主流被动安全技术应用

1.　车身

（1）福特福克斯

其车身采用高性能笼型车体加强结构设计，并使用高强度钢板材料以提升车体刚性，还具有前后撞击缓冲区；车门防撞钢梁采用加强结构设计，撞击缓冲区可将碰撞时的撞击力平均分散到全车身，从而避免乘员由于遭受碰撞而受到伤害，如图5-8所示。

（2）帕萨特领驭

其在车顶区域增加了全新设计的高

图5-8　福特福克斯高强度车身

强度中间横梁，并将横梁与 B 柱相连，形成了一个封闭整体；在 C 柱区域，将原有的三角窗改为独立宽 C 柱，并强化了内层 C 柱的加强板；门槛区域经过优化，进一步提高了车辆的刚性，如图 5-9 所示。

图 5-9　帕萨特领驭高强度车身

（3）东风雪铁龙凯旋

其采用高强度的吸能车身，多处碰撞吸能设计，对底盘、顶盖和车门进行加强，形成网状保护结构；在车门上斜置防撞梁、缓冲吸能器，可以将碰撞能量分散到车身结构上，大幅降低了侧碰造成的伤害；优化了前轴尺寸，发生碰撞时，使能量向车底传递，从而有效保护乘员，如图 5-10 所示。

图 5-10　东风雪铁龙凯旋高强度车身

（4）丰田 GOA 车身

GOA 是 global outstanding assessment 的缩写，代表具有世界顶级水准的安全技术。这是丰田公司关于安全技术方面的总目标，也是丰田公司内部的安全标准。能满足这个标准的车身结构设计被称为 GOA 车身，如图 5-11 所示。

图 5-11　GOA 高强度车身

　　轿车车身都采用金属构件和覆盖件的分块组合形式制成，即将各种预制零部件（如风窗立柱、门立柱、门上横、前后翼子板、前后围板、顶盖等）通过焊接和铆接的方式装配起来。其中，焊接是汽车装配流水线上不可缺少的工序，如图 5-12 所示。

图 5-12　焊接

2　安全带

　　安全带作为主要的乘员约束装置，是目前最有效的安全设备，其单独使用时可以降低42% 左右的死亡率。汽车上的安全带中较先进、较安全的是预紧式安全带。当汽车发生碰撞事故的一瞬间、乘员尚未向前移动时，它会首先拉紧织带，立即将乘员紧紧地绑在座椅上，然后锁住织带，防止乘员身体前倾，有效保护乘员的安全。有无安全带的碰撞场景对比和预紧式安全带示意如图 5-13 和图 5-14 所示。

图 5-13　有无安全带的碰撞场景对比

图 5-14　预紧式安全带示意

3. 安全气囊

安全气囊（SRS）又称为辅助乘员保护系统。1967 年，世界上第一个安全气囊诞生，但是由于当时的技术水平有限，还不能批量生产。进入 21 世纪后，安全气囊已成为现代轿车上常见的装置。

安全气囊主要由传感器、微处理器、气体发生器和气囊等部件组成。车内安全气囊布置如图 5-15 所示。

图 5-15　车内安全气囊布置

第三节　汽车智能辅助安全技术

智能时代的到来改变了驾驶和安全的定义。自动驾驶不仅实现了"解放双手"的目标，还能让人们用车更安全。以智能化创造"主动安全"是时下汽车安全领域的热点话题，而纯电汽车作为智能化的最佳载体成为耀眼的主角。在本节中，同学们需要了解汽车高级驾驶辅助系统与应用及智能网联汽车的技术分级。

一、高级驾驶辅助系统

1. 高级驾驶辅助系统概念

全国汽车标准化技术委员会将高级驾驶辅助系统（ADAS）定义为利用安装在车辆上的传感、通信、决策及执行等装置，实时监测驾驶员、车辆及其行驶环境，并通过信息或控制等方式辅助驾驶员执行驾驶任务或主动避免或减轻碰撞危害的各类系统的总称。

2. ADAS 技术

ADAS 技术主要基于被动预警技术产生，作用是当车辆检测到潜在危险时，提醒驾驶人注意异常车辆或道路状况。ADAS 中包含了许多不同的辅助驾驶系统，如自适应巡航、自动紧急制动、交通标志识别、盲点检测、变道辅助、车道偏离预警等。

（1）自适应巡航控制

自适应巡航控制（ACC）系统又称智能巡航控制系统。自适应巡航控制系统的历史可以追溯至 20 世纪 70 年代。1971 年，美国 EATON（伊顿）公司便已从事这方面的开发工作，其雏形是日本三菱公司提出的预览距离控制（PDC）系统。PDC 将雷达与其他处理器结合在一起，可以侦测出车距的变化，并对驾驶员发出警告。另外，该系统还可以控制节气门开度、调节发动机功率。此后，丰田、本田、通用、福特、戴姆勒、博世等公司也开始研发该系统。

汽车自适应巡航控制系统是基于普通的巡航定速系统延伸发展而成的，除了可以和定速巡航一样，设定既定车速，让汽车在道路上自适应行驶外，还对汽车进行了升级，是在定速巡航控制系统（CCS）基础上发展起来的一种智能化自动控制系统。ACC 作为 ADAS 中的一种，是新一代汽车先进驾驶辅助系统之一，也是实现自动驾驶功能的过渡配置之一。该系统也被称为主动巡航系统。相对于定速巡航，ACC 不仅可以让车辆保持一定行驶速度，还能根据与前车的距离自动调节车速，以保证本车与前车的最佳安全距离。自适应巡航和自适应巡航控制原理如图 5-16 和图 5-17 所示。

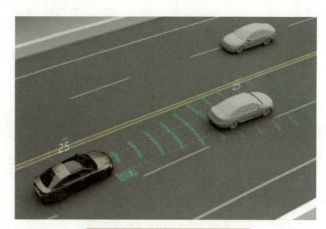

图 5-16　自适应巡航

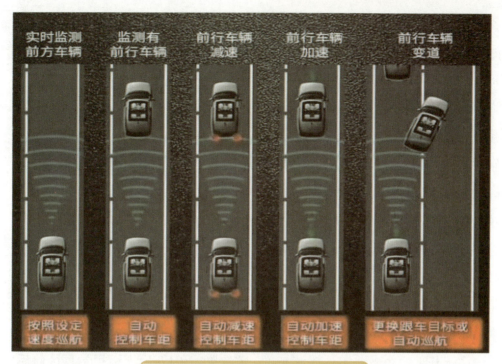

图 5-17　自适应巡航控制原理

（2）自动紧急制动

自动紧急制动（AEB）是一种汽车主动安全技术，能够实时检测车辆前方行驶环境，并在可能发生碰撞时自动开启车辆制动系统，使车辆减速，以辅助驾驶员避免碰撞。当系统计算出会有碰撞的可能性时，先通过声音、图标等警示驾驶员，若驾驶员没能对预警正确反应，再轻微振动制动踏板或方向盘进行二次警示，并提前填充制动油路油压，以便快速、准确地完成制动。

车辆追尾自动紧急制动系统测试如图 5-18 所示。

图 5-18　车辆追尾自动紧急制动系统测试

（3）交通标志识别

交通标志识别（TSR）是指能够在车辆行驶过程中对出现的道路交通标志信息进行采集和识别，及时向驾驶员做出指示或发出警告，或者直接控制车辆进行操作，以保证交通通畅并预防事故的发生的安全技术。在安装有安全辅助驾驶系统的车辆中，如果车辆能够提供高效的 TSR 系统，及时为驾驶员提供可靠的道路交通标志信息，可以有效提高驾驶的安全性和舒适性。交通标志识别系统如图 5-19 所示。

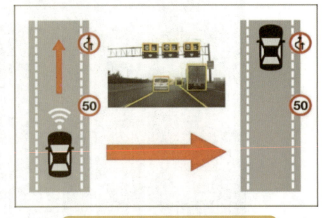

图 5-19　交通标志识别系统

（4）盲点检测

盲点检测系统（BSD）有时也称作盲区监控系统（BSMS）或者变道辅助决策系统（LCDAS）。该系统基于短距微波雷达探测技术，监测处于内外后视镜视觉盲区侧后方移动物体（如汽车、摩托车、自行车、行人），探测相邻车道后方是否有车靠近以及后视镜盲区里是否有车。当盲区内有物体接近本车时，根据危险和紧急程度适时发出声、光等信号，辅助驾驶员规避盲区物体，达到安全并线的目的。盲点探测系统是自动驾驶辅助系统中一项关键功能，可以在低速状态下覆盖车身周围 360° 的路况。不同车企对该系统的称谓不同，但实际上都属于同一类系统，主要包括盲点监测系统、盲点监视系统、盲点信息系统。盲点检测系统如图 5-20 所示。

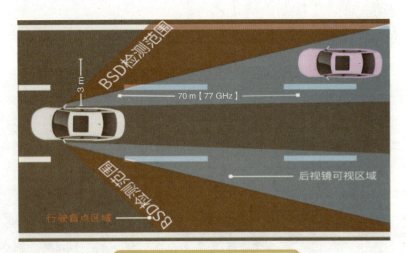

图 5-20　盲点检测系统

（5）变道辅助

变道辅助（LCA）系统是一种旨在提高车辆行驶安全性和稳定性的技术。它通过实时监测车辆周围的环境和其他车辆的位置，为驾驶员提供车道变更时的辅助信息并发出警告，从而帮助驾驶员安全地完成车道变更动作。

小鹏 P7i 变道辅助的开启和取消以及变道辅助警示不可用如图 5-21~ 图 5-23 所示。

图 5-21　变道辅助开启

图 5-22　变道辅助取消

图 5-23　变道辅助警示不可用

（6）车道偏离预警

车道偏离预警（LDW）系统能够通过摄像头或传感器监测车辆的行驶轨迹，一旦发现车辆偏离车道，系统就会发出警报，提醒驾驶员及时纠正；部分更高级的系统还能够主动纠正车辆状态，保持车辆在正确的轨迹上行驶。车道偏离预警系统如图 5-24 所示。

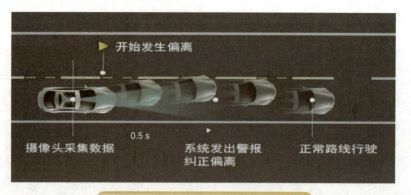

图 5-24　车道偏离预警系统

二、智能网联汽车的技术分级

1. 美国自动驾驶分级

在国际上，美国汽车工程师协会（SAE）及美国国家高速公路交通安全管理局（SHTSA）分别对自动驾驶等级进行了划分。根据智能化程度的不同，SAE 将自动驾驶分为 6 个等级，包括 L0 无自动化、L1 辅助驾驶、L2 部分自动化、L3 有条件自动化、L4 高度自动化、L5 完全自动化（无人驾驶），如表 5-1 所示。

表 5-1　SAE 自动驾驶等级

分级 SAE	名称	定义	转向和变速操作	对驾驶环境的监控者	复杂情况下动态驾驶任务的执行者	系统作用
L0	无自动化	所有驾驶任务都由人类驾驶员操控（即便安装了警告或干预系统）	人类驾驶员	人类驾驶员	人类驾驶员	无
L1	辅助驾驶	在特定驾驶模式下，由一个辅助驾驶系统根据驾驶环境信息控制转向或加减速中的一种，并期望人类驾驶员完成所有其他动态驾驶任务	人类驾驶员和系统	人类驾驶员	人类驾驶员	部分路况和驾驶模式
L2	部分自动化	在特定驾驶模式下，由一个或多个辅助驾驶系统根据驾驶环境信息控制转向和加减速，并期望人类驾驶员完成所有其他动态驾驶任务	系统	人类驾驶员	人类驾驶员	部分路况和驾驶模式
L3	有条件自动化	在特定驾驶模式下，由一个自动驾驶系统完成所有动态驾驶任务，但期望人类驾驶员能正确响应请求并接管操控	系统	系统	人类驾驶员	部分路况和驾驶模式

续表

分级 SAE	名称	定义	转向和变速操作	对驾驶环境的监控者	复杂情况下动态驾驶任务的执行者	系统作用
L4	高度自动化	在特定驾驶模式下，由一个自动驾驶系统完成所有动态驾驶任务，即便人类驾驶员无法正确响应请求并接管操控	系统	系统	系统	部分路况和驾驶模式
L5	完全自动化（无人驾驶）	自动驾驶系统在全部时间、全部路况和环境条件下（可由人类驾驶员管理）完成所有动态驾驶任务	系统	系统	系统	全部路况和驾驶模式

2. 我国汽车驾驶自动化分级

根据《汽车驾驶自动化分级》（GB/T 40429—2021）中的规定，驾驶自动化分为 6 级，包括 0 级（应急辅助）、1 级（部分驾驶辅助）、2 级（组合驾驶辅助）、3 级（有条件自动驾驶）、4 级（高度自动驾驶）和 5 级（完全自动驾驶）。此外，该标准明确了分级原则、要素及判定方法，以及各等级的技术要求。我国汽车驾驶自动化分级划分如表 5-2 所示。

表 5-2　我国汽车驾驶自动化分级划分

分级	名称	车辆横向和纵向运动控制	目标和事件探测与响应	动态驾驶任务接管	设计运行条件
0 级	应急辅助	驾驶员	驾驶员及系统	驾驶员	有限制
1 级	部分驾驶辅助	驾驶员和系统	驾驶员及系统	驾驶员	有限制
2 级	组合驾驶辅助	系统	驾驶员及系统	驾驶员	有限制
3 级	有条件自动驾驶	系统	系统	动态驾驶任务接管用户（执行接管后成为驾驶员）	有限制
4 级	高度自动驾驶	系统	系统	系统	有限制
5 级	完全自动驾驶	系统	系统	系统	无限制

注：排除商业和法律因素等的限制

3. 现有汽车对应等级和车型

（1）L1 等级

2019 款领克 01 配备车道偏离预警、并线辅助、主动刹车功能。

2022 款宝马 X1 新能源配备自动泊车入位功能。

（2）L2 等级

2024 款理想 L9 配备全速自适应巡航、自动变道辅助、自动驾驶辅助路段等功能。

2024 款小米 SU7 配备全速自适应巡航、车道保持辅助系统、自动变道辅助等功能。

（3）L3 等级

L3 等级自动驾驶还未普及，国家只授权部分车企在特定区域内试行。

（4）L4~L5 等级

L4~L5 等级自动驾驶仍处于研发阶段。

思维拓展 →

你认为，未来的汽车安全标准是什么样的？请简单描述一下。

单元六

汽车世界

　　随着汽车技术的不断发展，人类产生了对汽车性能和驾驶技术极限挑战的渴望，这使汽车驾驶与竞技体育相结合，继而出现了汽车运动。汽车运动既是人类汽车技术创新的挑战，又是人类挑战极限精神的体现。经过多年的发展，赛车运动现在已经成为世界范围内影响较大的一项体育运动。

第一节　汽车运动

　　汽车运动是指汽车在封闭场地内、道路上或野外比拼速度、驾驶技术和车辆性能的一种运动。汽车运动不仅仅是车手之间技艺、意志和胆量的竞争，也是各大汽车公司在资金、技术等多方面的竞争，体现了人与科技完美的结合，给车迷朋友带来视觉上的享受。在本节中，同学们需要掌握汽车运动起源过程、类别和特点。

一、汽车运动起源

初期汽车比赛的目的是检验车辆的性能、宣传使用汽车的安全性和可靠性。1894 年，随着汽车工业的发展，人们在法国举行了公认的第一场汽车比赛，当时制作的宣传海报如图 6-1 所示。

1895 年 6 月 11 日，法国汽车俱乐部和鲁·普奇·杰鲁纳尔报联合举办了世界上最早的长距离汽油车公路赛，其现场如图 6-2 所示。这条线路由巴黎到波尔多往返，全程 1 178 km。在该赛中，埃为尔·鲁瓦索尔获得第一名。但是，由于比赛规则规定每辆车中只允许乘坐一人，他的车上有两人，所以被取消了冠军头衔。

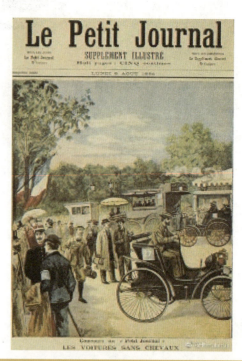

图 6-1　公认的第一场汽车比赛海报

图 6-2　最早的长距离汽油车公路赛现场

为避免汽车在野外比赛时扬起的灰尘影响后面车手的视线，也为防止观众进入赛道观看而引发伤亡事故，此后的比赛逐渐改为在封闭的赛场上进行。1905 年，人们在法国勒芒举行了第一场真正意义上的场地汽车大奖赛。

二、世界一级方程式锦标赛

世界一级方程式锦标赛（F1）通常在每年的 3 月至 11 月在不同的国家举办，比赛的名称通常以举办地命名，如 F1 中国大奖赛。

F 是 Formula 的缩写，即方程式；"1"有很多种解释，如顶尖车手、顶级赛事、奖金等。

F1 是国际汽车运动联合会（FIA）举办的最高等级的年度系列场地赛车比赛，是当今世界上水平最高的汽车比赛，与奥运会、世界杯足球赛并称为"世界三大体育盛事"。国际汽车运动联合会会标如图 6-3 所示。

图 6-3　国际汽车运动联合会标志

1950 年，首场 F1 诞生，经过 70 多年的发展，FIA 对赛车的规定早已超出了简单的对汽车排气量的要求。赛车必须依照 FIA 制定颁发的车辆技术规则的规定设计和制造，其中包括车身尺寸、质量，发动机排气量、最大功率，是否使用增压器以及轮胎花纹、尺寸等所有技术参数。简单来说，就是以一条方程式（并非数学上的方程式）生产，所以称为方程式赛车（以下简称"F1 赛车"），如图 6-4 所示。

图 6-4　方程式赛车

F1 是世界上商业价值最高、魅力最大、最吸引人的汽车赛事。F1 赛车包含了以空气动力学为主，加上无线电通信、电气工程等先进的技术。

1.　F1 规则

F1 使用的是单一年度联赛制度。2019 年，F1 分 21 站（21 个国家），每分站大奖赛产生一名分站冠军。每站的比赛赛程为 3 天，包含星期五的自由练习、星期六的排位赛、星期日下午 2 时开始的正赛。每站比赛取前 8 名，车手获得的积分依次为 10、8、6、5、4、3、2、1，全年各分站成绩总积分最高的车手成为当年度的 F1 世界冠军。世界冠军车队的计分方法与车手的相同。

　　驾驶赛车的车手只能是一个人。比赛时，所有赛车根据排位比赛的成绩排列起跑顺序。当5盏红灯熄灭时，赛车同时出发，跑完规定圈数（每场为超过305 km的最小圈数），时间短者获胜。

　　FIA规定，赛场不允许有过多、过长的直道，目的在于限制高速，以免发生危险。这些赛场地理环境迥然相异：有的建在高原上，因为那里空气稀薄，可以考验车手的身体素质；有的则是由街道组成的赛道，路面相对狭窄曲折；有的赛车场路面宽阔，但有上下坡，可以考验车手的技术；还有的赛车场建在葱郁的树林中，那里的赛道起伏太大，车手很难控制赛车。

　　FlA规定，专用赛道均为环形，每圈长度为3~7 km，每场比赛的总距离为305~320 km。为安全起见，赛道两旁一般铺设宽阔的草地或沙地，以便将赛道与观众隔开。

　　F1是在世界各地的10多条封闭的环行线路进行的（包括专业的环行赛车场和个别封闭后的城市街道），起、终点均在一条线上。赛道用改性沥青铺成，且每条赛道的周长不等，最短的是摩纳哥蒙特卡洛街区赛道，单圈长度约为3.3 km；最长的是比利时的斯帕赛道（图6-5），单圈长度约为7 km。

图6-5　比利时的斯帕赛道

　　① 1 mile=1.609 3 km。

2. F1 旗帜的含义

F1 旗帜的含义如表 6-1 所示。

表 6-1　F1 旗帜的含义

旗帜	旗帜含义
黄旗	黄旗代表前方车道上有障碍物（如一辆被撞坏的或者有故障的赛车），以此提醒车手要小心驾驶。如果障碍赛车停在赛道一侧，或者障碍物不在赛道上，那么黄旗会静止不动。如果障碍物在赛道上，那么黄旗就会来回摇动，以提醒车手做好改变方向的准备。如果赛道被彻底堵塞，那么会摇动两面黄旗。出现黄旗的时候不允许超车。如果一名车手没有认真读取黄旗的信息，而仍旧以比赛速度开车来到赛道的事故发生地段，那么这名车手将会受到严厉的处罚，甚至会被取消比赛资格
红黄竖条纹旗	红黄竖条纹旗代表赛道前方路面有油，或者路面较滑，车手应该小心驾驶，直到信号旗收回为止。如果比赛官员挥动该旗帜，那么代表着前方不远处有所谓的湿滑地带
白旗	当出现白旗的时候，表示前方有慢速行驶的车辆（可能是一辆救护车或一辆拖车等）。当看到白旗的时候，车手应该小心驾驶，甚至应该适当减速
红旗	红旗表示比赛或者是车因某种原因提前结束或暂停。红旗会在整个赛道各个位置同时出示。这个时候，车手应该回到维修站，并在那里原地待命，以得知是否恢复比赛，何时恢复比赛。在正式比赛中，当赛程超过 75% 时会出示红旗并结束比赛，比赛最终成绩以挥动红旗前两圈的成绩为准
蓝旗	蓝旗表示后方准备套圈的车辆正在接近并准备超车。被出示蓝旗的车手应该减速让行，必要时还要让出赛车线。如果一名车手被连续出示蓝旗三次，将会受到处罚
绿旗	绿旗表示比赛、排位赛开始前的信号或赛道存在的障碍已经清除，比赛恢复正常

旗帜	旗帜含义
黑旗	如果车手的号码显示在出发线，且旁边同时出现黑旗，那么表示车手在跑完这一圈之后需要返回维修站。当一名车手因为比赛行为不当而需要被调查，或者车手在比赛中犯规时，会被出示黑旗。出现该旗帜时，表示对车手进行罚停处理
黑白方格旗	当出现黑白方格旗的时候，表示比赛或者练习赛结束。这个时候，所有车手都要返回检修车道或者集中到出发区。从这里车手们需要将他们的赛车开到赛前检录处，赛车在这里需要被检测以确保符合比赛的各项规章制度。挥舞的黑白方格旗仅对冠军车手出示；对于冠军之后的车手，黑白方格旗将会以静止的形式出示
黑白对角旗	与车手号码一同出现，警告该车手的驾驶行为有损体育竞技道德

3. F1 赛车

F1 赛车（图 6-6）为单座的特制赛车，座舱是敞露在外的，巨大的轮胎也是暴露在车身外面的，没有翼子板遮挡。F1 赛车不能在普通道路上行驶，车厂中的流水线也不生产 F1 赛车相应零部件，F1 赛车的零部件由各赛车公司或车厂的赛车运动部单独设计和制造。

图 6-6　F1 赛车

一辆赛车从概念设计到制作完成约需要 2.5 万小时，而顶级 F1 车队在制造赛车时需要生产数目惊人的零件，如宝马－威廉姆斯车队在 12 个月中生产了大约 20 万个零件。F1 赛车可以在 2.5 s 内从 0 km/h 加速到 100 km/h，在 5 s 内达到 200 km/h。F1 赛车有很强的制动特性，可以在 3.5 s 内从 300 km/h 减速到 0 km/h，刹车距离为 65 m。一辆赛车从 315 km/h 减到 185 km/h 所需要的能量可以让一头大象往上跳 10 m；F1 车手在比赛期间要换挡超过 3 000 次，宝马车队曾经统计过，在大奖赛期间，一台引擎大约要点火 800 万次。

4. F1 总冠军

F1 的年度总冠军分为两种，车手总冠军及车队总冠军。在很多 F1 专家的眼中，车队总冠军的价值大于车手总冠军。计分方式是积分制，车手与车队的积分都是累积的。车队积分则以两位车手积分累加。假如比赛在未达全部赛程 75% 时被迫中止，则积分必须乘以 1/2。通过各赛站积分，方可决出本年度车手及车队的世界冠军。若最终积分相同，则比较分站冠军数、亚军数、季军数……直至一方比另一方多。如果依旧相同，还要比较比赛最快圈速、杆位数，最极端的方式是通过抽签决定。

5. 著名车队

（1）梅赛德斯 AMG 车队

梅赛德斯 AMG 车队的标志如图 6-7 所示。其属于世界一级方程式锦标赛参赛车队，总部位于英国布拉克利，以德国制造商身份参赛，成立于 2010 年，并于 2014 至 2021 年连续夺得 F1 车队冠军。梅赛德斯 AMG 赛车如图 6-8 所示。

图 6-7　梅赛德斯 AMG 车队的标志

图 6-8　梅赛德斯 AMG 赛车

（2）法拉利车队

法拉利车队来自意大利，一直是 F1 最负盛名的车队。20 世纪 90 年代，迈凯伦车队迅速崛起，大举赶超了这支拥有跃马标志的车队。后来，法拉利车队重新夺回了冠军名号，再现了当年的辉煌。

早在第二次世界大战之前，法拉利就是 F1 的参赛车队之一。在 1950 年开始的 F1 上，恩佐·法拉利以劲旅的姿态出现，但无功而返。之后，阿尔伯托·阿斯卡利和琼斯·弗罗兰在 1951 年代表法拉利车队出战，对垒阿尔法·罗米欧车队。阿斯卡利仅以微弱的差距在赛季末的最后一场比赛败给了胡安·曼纽尔·方吉奥。随后，当 F1 的官方组织出台了 2 L 规则时，法拉利已做好了充分的准备。在 1952 年和 1953 年的赛场的，阿斯卡利一统天下。但引进了 2.5 L 规则后，阿斯卡利便被玛莎拉蒂车队和蓝旗亚车队抛在了身后。1955 年年底，方吉奥驾驶 D50 赛车夺得三场比赛的胜利，为车队维持了第四个冠军头衔。1957 年，方吉奥离开法拉利转投玛莎拉蒂车队。少了这张阿根廷王牌，法拉利车队不幸输掉了比赛。

2023 年 9 月 17 日，F1 结束正赛，法拉利车队的车手塞恩斯排名第一，法拉利车队位列车队积分榜第三。法拉利车队赛车如图 6-9 所示。

图 6-9　法拉利车队赛车

（3）红牛车队

红牛车队是奥地利红牛公司旗下的一级方程式车队之一，其标志如图 6-10 所示。

图 6-10　红牛车队标志

奥地利能量饮料制造商红牛公司购买了美洲虎车队及该车队设在米尔顿凯恩斯的工厂，并正式将车队更名为红牛车队。很快红牛对车队管理层进行了"大换血"，克里斯蒂安·霍纳接任了赛事总监，前美洲虎车队的雇员冈瑟·斯特纳重新负责设计方面的工作。2009 年，该车队才取得了真正的成功，总共赢得 6 场比赛的胜利，在制造商排名中位列第二。

2010—2013 年，红牛车队连续 4 年获得车手总冠军和制造商总冠军的双头衔，塞巴斯蒂安·维特尔成为这项运动最年轻的 4 冠王。红牛车队赛车如图 6-11 所示。

图 6-11 红牛车队赛车

（4）红牛二队

红牛二队的前身是 F1 的米纳尔迪车队，其标志如图 6-12 所示。意大利车手里尤兹帮助该车队在 F1 美国站中拿到了第一个积分。

图 6-12 红牛二队标志

（5）迈凯伦车队

迈凯伦车队历史悠久，其标志如图 6-13 所示。1963 年，迈凯伦车队由新西兰人布鲁斯·麦克拉伦创建。此公司的曾用名是麦克拉伦赛车有限公司，初期以制造 F1 赛车为主要业务。3 年后，该车队在 1966 年的摩洛哥 GP 大赛上首次亮相。在 1988—1989 年的赛季中，队友埃尔顿·塞纳和阿兰·普罗斯特夺下了 14 个冠军头衔。塞纳和普罗斯特这对拍档也因在一个赛季里赢得最多组合冠军而备受赞扬。1988 年，这对车手在赛事日程 16 场比赛中赢得了 15 场比赛的胜利。该车队连续赢得了 4 场世界车手和车队锦标赛殊荣（1988—1992 年）并蝉联 8 项世界车队锦标赛桂冠。

图 6-13　迈凯伦车队标志

（6）Stake F1 车队

Stake F1 车队的标志如图 6-14 所示。Kick 索伯车队成立于 1990 年，总部位于瑞士。Kick 索伯车队的第一辆赛车是与 AMG-Mercedes 合作，并参照和模仿勒芒 C 组原型车产生的。

图 6-14　Stake F1 车队标志

2019 年 2 月 1 日，Kick 索伯车队更名为阿尔法罗密欧车队。2023 赛季结束后，阿尔法罗密欧将不再冠名索伯车队。2024 年 1 月 1 日，该车队更名为 Stake F1 车队。

（7）威廉姆斯车队

威廉姆斯车队是英国 F1 车队，成立于 1977 年。威廉姆斯车队标志如图 6-15 所示。车队成立初期，包括车手人数一共只有 17 名成员。威廉姆斯车队曾在 1980—1997 年获得 9 次制造商总冠军，这个纪录直到 2000 年才被法拉利车队打破。

图 6-15　威廉姆斯车队标志

（8）阿斯顿·马丁车队

2021 年 3 月 4 日，阿斯顿·马丁车队的新车 AMR21 赛车首次亮相，这也是阿斯顿·马丁阔别 F1 赛场 61 年以后的首次回归，阿斯顿·马丁 AMR21 赛车如图 6-16 所示。

阿斯顿·马丁近年来一直以红牛车队冠名赞助商的名头出现。其老板劳伦斯·斯托尔在新车旁边向观众致辞，并表示将阿斯顿·马丁的名字带回 F1 是"梦想成真"。阿斯顿·马丁车队标志如图 6-17 所示。

2022 年 8 月 1 日，阿斯顿·马丁车队官方宣布：两届世界冠军费尔南多·阿隆索将在 2023 赛季加入车队。

图 6-16　阿斯顿·马丁 AMR21 赛车

图 6-17　阿斯顿·马丁车队标志

6. 著名 F1 赛道

（1）阿尔伯特公园赛道

澳大利亚墨尔本的阿尔伯特公园赛道（图 6-18）被安排在市区的阿尔伯特公园中，整体布局相当流畅，没有常规街道 90° 的弯角。该赛道沿着公园湖面顺时针行驶，风景非常优美，让车手们非常喜欢。

单圈长度：5.303 km
总圈数：58圈
总长度：307.574 km
单圈最快：1 min 24 s 125
(2004，迈-舒马赫，法拉利)

图例
挡位 ⑤
时速 mile/h
时速 km/h
重力加速度
计时点

图 6-18　阿尔伯特公园赛道

（2）雪邦赛道

雪邦赛道（图 6-19）是位于马来西亚雪兰莪州雪邦的国际赛车场，其承办了很多主要赛事，包括 F1 马来西亚大奖赛、世界摩托车锦标赛马来西亚大奖赛等。

图6-19 雪邦赛道

雪邦赛道以其漂亮的赛车道、维修站、媒体中心和主看台而闻名，但是也有人批评其赛道表面凹凸不平，且有微微下沉之势，这有可能与雪邦赛道建在沼泽上有关。

（3）巴林麦纳麦赛道

巴林麦纳麦赛道（图6-20）由德国专家赫尔曼·蒂尔克设计，用了16个月建造，耗资约1.5亿美元。在施工高峰时，工地上有3 000多人同时工作。

单圈长度：5.417 km

总圈数：57圈

总长度：308.769 km

单圈最快：1 min 30 s 252

（2004，迈-舒马赫，法拉利）

图例
挡位 ⑤
时速 mile/h
时速 km/h
重力加速度
计时点 🕧

图6-20 巴林麦纳麦赛道

（4）加泰罗尼亚赛道

西班牙巴塞罗那的加泰罗尼亚赛道（图6-21）建于1991年，全长4 730 km，是国际上公认的最接近完美标准的跑道。这条赛道常被各车队用来进行赛车测试，所以，各车队及车手对它相当熟悉。

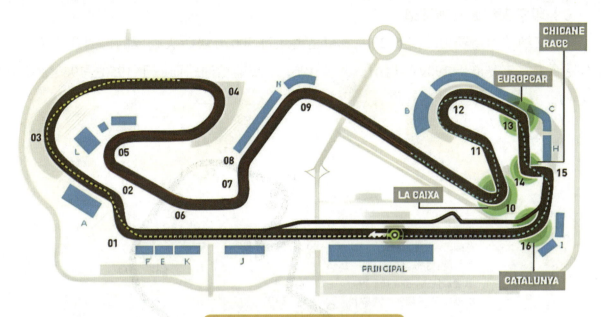

图 6-21 加泰罗尼亚赛道

加泰罗尼亚赛道对于现场观众来说，感观很好。该赛场的设计者充分考虑到观众的视野，而且周边交通便利，即使在周日比赛也不会发生交通堵塞。该赛道拥有很长的直线道和长距离的高速与低速的弯道，这对于赛车的引擎是一大考验。

（5）蒙特卡洛赛道

蒙特卡洛赛道（图 6-22）是世界四大知名赛道之一，也是 F1 赛道中最短的。由于在街道中比赛，车队使用的加油站也很小、很窄。

图 6-22 蒙特卡洛赛道

在摩纳哥的街道上举办大奖赛的奇思妙想来自摩纳哥汽车俱乐部主席安东尼·诺格斯。1929年，威廉·格罗佛·威廉姆斯开着一辆布加迪赛车出战，赢得了在摩纳哥举办的首场比赛。

（6）印第安纳波利斯赛道

印第安纳波利斯赛道（图6-23）最初是由超过300万块砖头砌成的，因此"砖厂"之名不胫而走。该赛道于1909年启用，并在1961年改铺柏油路面，于1950—1960年举办过11次F1，是一条历史悠久的赛道。

单圈长度：4.192 km
总圈数：73圈
总长度：306.016 km
单圈最快：1 min 10 s 399
(2004，巴里切罗，法拉利)

图例
挡位
时速 mile/h
时速 km/h
重力加速度
计时点

图6-23　印第安纳波利斯赛道

2005年的F1大奖赛绝对是一场闹剧，由于米其林轮胎的安全问题，印第安纳波利斯站赛事不得不在一片叫骂声中落幕。比赛的重点已经不在于各个车队和车手，轮胎制造商和FIA之间的角力才是最大的看点。首先，拉尔夫·舒马赫因车祸退出本站赛事。随后，米其林希望通过各种手段解决事端，但是FIA的坚持米其林旗下的车队不得不选择罢赛。最终，本站比赛仅有6部使用普利司通轮胎的赛车参加了比赛。比赛毫无悬念，法拉利双雄包揽前两名，就连之前获得积分都十分艰难的乔丹车手蒙泰罗都登上了领奖台。

（7）英国银石赛道

位于英国的银石赛道（图6-24）是全世界举办汽车赛事最频繁的赛道之一，银石是英国赛车工业的发源地。银石赛道的前身是第二次世界大战时的一座军用机场，从1948年起开始举办汽车比赛。银石赛道也并非理所当然地成为F1英国大奖赛的唯一赛道。从1955年开始，F1英国大奖赛就由埃因树赛道与银石赛道轮流举办。到1964年，F1英国大奖赛又与同样深受英国人喜爱的布兰德哈奇赛道轮流举办。直到1987年，银石赛道才真正成为F1英国大奖赛举办地的代名词。

图6-24 银石赛道

（8）上海国际赛车场

上海国际赛车场（图6-25）是上海国际汽车城营造汽车文化的重要组成部分，位于嘉定区安亭镇东北方向，距安亭镇中心约7 km，东至漳浦河，西至松鹤路、东环路，南至宝安公路，北至规划中的郊区环线高速公路。该赛车场的赛道总长度7 km左右（包括备用赛道长度）。

图6-25 上海国际赛车场

F1 中国大奖赛于 2024 年 4 月 19—21 日在上海国际赛车场举办。这是该赛车场投入使用的第 20 年。

三、世界汽车拉力锦标赛

世界汽车拉力锦标赛（WRC）始于 1973 年，是 FIA 四大赛事之一，与 F1 齐名。其与 F1 不同的是，所有参赛车辆必须以量产车研发制造而成，并在世界各地的雨林、泥泞、雪地、沙漠及蜿蜒山路等不同的路况上比赛，是特别有魅力的比赛之一，全球每年有近 10 亿人次通过各种方式观看 WRC。

WRC 要求参赛车辆必须在规定的时间内严格按照比赛规定的行驶路线，到达分站点，还要在规定时间内完成车子的维修检测。

WRC 的赛段为各种临时封闭后的普通道路，包括盘山公路、沙石路、泥泞路、冰雪路等，也有无法封闭的沙漠、戈壁、草原等地段。复杂的地形和漫长的赛程不仅考验车手的车技和经验，还考验领航员的配合、车辆的性能以及维修水平。

1. 比赛方式

WRC 的比赛规则十分详细，如参赛车辆必须是各大汽车厂商年产量超过 2 500 辆的原型轿车；同时，赛车改装后的尺度、质量以及排量、功率等都要遵守严格的规定。

WRC 规定，每辆赛车必须同时搭乘一名车手和一名领航员。车手只负责开车，充分发挥自己高超的驾车水平就行，而领航员既要在比赛过程中安排好各种生活琐事，而且还要在比赛过程中为车手指明每天比赛的正确方位和路线，并及时准确地提供前方的路况。

2. 经典赛车

（1）标致 206 WRC（2002 年）

标致 206 WRC 的短轴距，非常适合拉力比赛中高速转向，加上技师在调校悬挂和设计涡轮增压方面相当有经验，整部 206 WRC 在不同路况中均有强大的战斗力。标致 206 WRC 赛车如图 6-26 所示。

（2）三菱 Lancer Evolution V（1998 年）

三菱一直大刀阔斧地改进赛车性能，提升了赛车的稳定性和速度。车手只要掌握好赛车的速度临界点，就能让其跑得很快。三菱 Lancer Evolution V 赛车如图 6-27 所示。

图 6-26　标致 206 WRC 赛车

图 6-27　三菱 Lancer Evolution V 赛车

（3）雪铁龙 Xsara WRC（2004 年）

这款车是当仁不让的"柏油路之王"，与标致同属 PSA 集团的雪铁龙在设计这款车时，很明显是有兄弟标致帮忙的。但整部 Xsara WRC 的设定有鲜明的特点，在干燥、高速的柏油路上，赛车有很凌厉的转向反应，在出弯时的指向性相当高，可以帮助车手在不长的特殊赛段中抢占时间。另外，Xsara WRC 在沙石路等较恶劣的路面上表现优秀，已经成为有史以来综合实力最强的 WRC 赛车。雪铁龙 Xsara WRC 赛车如图 6-28 所示。

图 6-28　雪铁龙 Xsara WRC 赛车

（4）奥迪 Quattro（1982 年）

奥迪 Quattro 赛车如图 6-29 所示。这款车拥有的适应性很强的 Quattro 四驱系统让很多人对驱动技术有了重新认识，它可以保证车辆的动力不会被浪费。

图 6-29　奥迪 Quattro 赛车

（5）富士 Impreza WRC（1997 年）

这款倾富士全厂之力打造的 WRC 赛车让传统的四驱系统和独特的水平对置发动机完全得到"赛车化"升级，在复合性的路面有很强势的表现。富士 Impreza WRC 赛车如图 6-30 所示。

图 6-30　富士 Impreza WRC 赛车

（6）福特 RS200（1985 年）

福特一直热衷于 WRC 赛事，它推出的 RS200 和 Escort 都是经典的赛车。RS200 为 B 组规格，中置发动机四轮驱动，由于产量奇少而成为收藏家们的追求。福特 RS200 赛车如图 6-31 所示。

图 6-31　福特 RS200 赛车

（7）标致 205 T16（1986 年）

1985 年和 1986 年，标致 205 T16 赛车（图 6-32）连续两年成为 WRC 冠军得主，其实力绝对不一般。205 T16 对标致来说非常重要，被视为镇店之宝。

图 6-32　标致 205 T16 赛车

四、勒芒 24 小时耐力赛

勒芒位于法国巴黎西南约 200 km 处，是一个人口约 20 万的商业城市。这个小城市能够闻名于世，主要是因为自 1923 年开始（1936 年、1940—1948 年除外），每年 6 月举行被称为最艰苦的单项赛事——勒芒 24 小时耐力赛。三位车手组成一个车组，驾驶一台赛车，完成连续 24 h 的竞赛。

勒芒 24 小时耐力赛与世界一级方程式锦标赛、世界汽车拉力锦标赛并称世界最著名和最艰苦的三大汽车赛事。自从首届比赛于 1923 年举行以来，除了第二次世界大战前后的几年（1936 年、1940—1948 年）以外，勒芒 24 小时耐力赛从未间断过。

2023 年 6 月 10 日，第 91 届勒芒 24 小时耐力赛在巴黎西南约 200 km 的勒芒拉开帷幕。

1. 赛车

不同于别的赛车运动，勒芒 24 小时耐力赛不仅需要车厂造出速度最快的赛车，还需要其兼具稳定性。

由于该比赛的赛道包含超长直道，车厂需要制作出空气效应良好，又要兼具节油的优点的赛车。参加勒芒 24 小时耐力赛的赛车如图 6-33 所示。

图 6-33　参加勒芒 24 小时耐力赛的赛车

2. 赛道

耐力赛的赛程主要有 1 000 km、1 610 km、5 000 km 和 8 050 km，以时间计有 6 h、12 h 和 24 h；其中以 1 000 km 汽车大赛和勒芒 24 小时汽车耐力赛最为著名。

勒芒 24 小时耐力赛的赛道是一条环形跑道（图 6-34），全长 13.5 km，由沥青和水泥路面的高速公路和街区公路封闭而成，平均时速超过 200 km。在赛道上有一段长约 6 km 的直道，赛车在这段直道上的时速可高达 390 km。当然，这段路对车辆的考验也是最严酷的，发动机在拼命地嘶叫，仿佛要从底盘上挣脱开来似的，轮胎也好像被火炉烤得要爆炸。

图 6-34　勒芒 24 小时耐力赛赛道

不管勒芒的赛道多么艰险，也不管历史上发生过多少悲剧，每届大赛都会如期举行。

3.　勒芒 24 小时耐力赛重要事件

勒芒 24 小时耐力赛对汽车的速度和耐力都有严峻的考验。例如，1955 年的勒芒 24 小时耐力赛中发生了令人震惊的惨剧，如图 6-35 和图 6-36 所示。当车手马克林驾驶着奥斯汀汽车突然驶向道路一侧，给麦克驾驶的捷豹汽车让路时，从后边快速追上来的梅赛德斯奔驰 300SLR 车躲闪不及，直接从奥斯汀上轧了过去，像炮弹一样飞向旁边的护栏。随着"轰"的一声巨响，车成了两截并立即起火，喷着火舌砸到看台上，使驾驶员当场丧生，而观众中有 83 人死亡，约 120 人重伤。当时，赛会组织工作人员将死伤者运走，把垃圾清理掉，宣布比赛继续进行。最终，捷豹赛车取得了胜利。1958 年后，大赛的规定有了变化，对赛车发动机的排量进行了限制，不得超过 3 L。经过较量，英国制造的捷豹汽车仍无对手。20 世纪 50 年代，捷豹汽车 5 次夺得该赛的冠军。夺取锦标赛冠军不容易，保持荣誉更需要不断努力。捷豹车厂不断将新技术应用到所生产的汽车上，坚持参加勒芒 24 小时耐力赛大赛；梅赛德斯 – 奔驰汽车公司也开发出新车型，竭力争取夺得这项大赛的胜利。

图6-35　1955年惨剧（1）

图6-36　1955年惨剧（2）

第二节　汽车电影

　　从汽车诞生至今，汽车文明一直展现着人类对智慧、速度、力量和美观的不懈追求。汽车电影也通过胶片的运转，在想象空间中记录历史，为观众创造奇幻之旅。在本节中，同学们需要了解汽车在电影中给观众、社会带来的深远影响。

时至今日，炫酷的汽车外观已经成为电影的重要元素，金属机器带来的速度美感在吸引着所有观众的目光。正如好莱坞著名影星威尔·史密斯所说："惊险片中如果没有车战场景，上座率就不会很高，这几乎成为惯例。"

同时，随着影像的传播，顶级汽车制造厂商的名字也日益深入人心，创造着不菲的商业价值。以汽车为主角的电影的出现更为汽车设计赋予了更多的想象空间。

1. 《永远的车神》

《永远的车神》是由阿斯弗·卡帕迪尔执导，由埃尔顿·赛纳和迈克尔·舒马赫主演的电影，于2011年6月3日在英国上映，宣传海报如图6-37所示。该片讲述了巴西车手埃尔顿·赛纳传奇的一生，其在职业生涯中共参加了161场大奖赛，夺得41次冠军，65次排头位，3次世界一级方程式大奖赛年度总冠军，被誉为"赛车王子"。他于1994年5月1日在圣马力诺的伊莫拉赛道上撞车身亡，年仅34岁。

图6-37 《永远的车神》宣传海报

2. 《极速风流》

《极速风流》是由朗·霍华德执导的一部电影，宣传海报如图6-38所示。该片由克里斯·海姆斯沃斯、丹尼尔·布鲁赫、奥利维亚·王尔德、亚历山德拉·玛丽亚·拉那、皮尔弗朗西斯科·法维诺、娜塔莉·多默尔、汤姆·拉斯齐哈、约瑟芬·德·拉·鲍梅联袂主演。《极速风流》根据真实人物和事件改编，讲述了奥地利赛车手尼基·劳达和英国赛车手詹姆斯·亨特在20世纪70年代的赛道上竞争的故事。

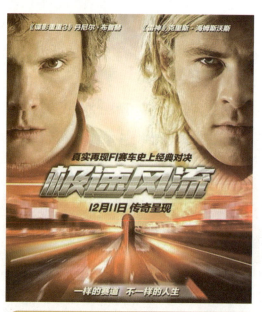

图 6-38 《极速风流》宣传海报

3. 《极速一生》

20 世纪五六十年代被誉为世界一级方程式大奖赛的黄金时期，电影《极速一生》记录了众多来自黄金时代的赛车手（包括电影《极速风流》中的两位主人公原型尼基·劳达与詹姆斯·亨特）的生活，也聚集了围绕在他们身边的赛事组织者、车队老板、他们的家人与女友，以及受到其激励的后辈赛车手们的视角向人们展现了这项用生命竞速的极限运动的激情与魅力。

4. 《速度与激情》

在《速度与激情》系列电影中，汽车往往被塑造成拥有无法想象的速度和力量的工具，让观众充分感到刺激和挑战。《速度与激情》宣传海报如图 6-39 所示。

图 6-39 《速度与激情》宣传海报

5.　《好莱坞往事》和《极速车王》

横扫 2020 年奥斯卡多项大奖的两大好莱坞经典电影——《好莱坞往事》（宣传海报如图 6-40 所示）和《极速车王》（宣传海报如图 6-41 所示），不仅让人们一睹 20 世纪六七十年代美国上层社会的豪奢生活，也让人们燃起了对人类第一代车王的美好回忆。同时，这两部电影全都展现了那个年代的豪华跑车——MG TD，这款车既是名流贵族们地位的象征，又是英伦赛车性能之王的绝佳代表。

图 6-40　《好莱坞往事》宣传海报

图 6-41　《极速车王》宣传海报

6. 《飞驰人生》

　　《飞驰人生》是上海亭东影业有限公司出品的一部励志喜剧片，由韩寒执导兼编剧，沈腾、黄景瑜、尹正、尹昉等主演。2019年2月5日，该片在中国内地上映，仅上映6天，票房便破10亿元。该片讲述了赛车手张驰因非法飙车被禁赛5年，并被吊销驾驶证，但是他从未忘记过自己对赛车的热爱，为了找回曾经的尊严和荣誉，他决定重返车坛，以执着信念重新取得成功的坎坷故事。2019年9月，该片获得第17届平壤国际电影节最佳摄影奖。

　　2024年2月10日，《飞驰人生2》上映，其中讲述了驾校教练张驰携潜力新人车手厉小海笑料百出地出征最后一届巴音布鲁克拉力赛的故事。《飞驰人生》系列宣传海报如图6-42所示。

图6-42　《飞驰人生》系列宣传海报

第三节 汽车广告

　　广告是企业向广大消费者宣传其产品用途、产品质量，展示形象的商业手段。企业靠广告推销产品，消费者靠广告选择产品。不论是通过传统媒介，还是通过网络，广告都能带给人们相关信息，为人们提供购物指南。因此，在当前的信息时代，我国的汽车企业应运用多种媒体做广告，宣传本企业的产品，否则便会贻误时机。在本节中，同学们需要了解广告对汽车品牌宣传的重要性。

一、沃尔沃

　　沃尔沃卡车广告片层出不穷的创意，要从2013年推出的广告片"The Epic Split"（史诗级一字马）说起（图6-43），硬汉尚格·云顿踩在两辆车的后视镜上，随着两辆车倒行拉开距离，摆出了一字马的姿势，整个广告无特效、无剪辑。

图6-43　沃尔沃尚格·云顿经典广告

　　沃尔沃卡车极具大片感的广告"The Tower"（塔），如图6-44所示。在雨夜里，沃尔沃FMX、FH、FH16和FM四台车堆叠行驶，沃尔沃卡车总裁Roger Alm站在这座高15 m的巨塔上，车灯同步亮起的一刹那，电闪雷鸣，野兽纷纷闪避，令人惊叹于沃尔沃卡车强悍的承载能力和坚固的结构。

图6-44 沃尔沃汽车堆叠经典广告

二、福特

福特经典广告如图6-45所示。因为这个广告的播出,高利润的F系列车型成为美国最畅销的皮卡。

图6-45 福特经典广告

三、Jeep

Jeep 是一个汽车品牌，世界上第一辆 Jeep 越野车是第二次世界大战中为满足美军军需生产的。克莱斯勒公司作为 Jeep 的鼻祖，单独拥有这一注册商标，因此"不是所有吉普都叫 Jeep"。

Jeep 经典的"七孔进气格栅"，暗示在沙漠中可以自由驰骋；户外装备组成的 Jeep 进气格栅，暗示 Jeep 车主都有一颗自由的心。Jeep 经典广告如图 6-46 所示。

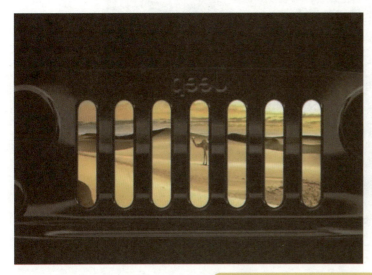

图 6-46　Jeep 经典广告

四、本田飞度

广汽本田推出的第三代飞度于 2014 年 5 月 29 日上市，定位是"劲酷两厢车"。飞度的卖点是大空间和强劲的动力，其经典广告如图 6-47 所示。

图 6-47　飞度经典广告

五、大众

在广告中，一辆大众汽车正在进行侧方位停车（图 6-48），而这款车的方向盘竟然安装在了车辆的后方，原来，这是大众在宣传自己的倒车系统非常好用，如同有真人在后面帮忙一样。

图 6-48　大众经典广告

六、Smart

早在 20 世纪 80 年代初，梅赛德斯 - 奔驰汽车公司就开始研究汽车与城市交通的关系，未雨绸缪。相关研究人员发现，面临越来越拥挤的城市道路，路面资源与汽车数量增长的矛盾将日益尖锐，让城市交通来适应汽车是行不通的，只能让汽车来适应城市交通。从"未来的城市汽车"的观念出发，奔驰汽车公司与 Swatch 公司在 1994 年联合成立 MCC 公司，开发出叫作"SMATCHMOBILE"的超微型紧凑式汽车。后来，奔驰与 Swatch 公司突然不再合作，而奔驰接收了 Swatch 公司手中的 MCC 股份（19%），成为唯一的大股东，继续 MCC 公司的工作。奔驰汽车公司确定超微型紧凑式汽车在法国生产，并定名为 Smart。

Smart 的定位是微型车，所以为了在广告上突出这一点，就上演了这样一场"闹剧"。Smart 经典广告（1）如图 6-49 所示。这条广告暗示着 Smart 的大小和自行车差不多，特别适合在城市中自由穿梭。

图6-49　Smart经典广告（1）

Smart经典广告（2）如图6-50所示，通过对比加油量暗示微型车的油耗低。

图6-50　Smart经典广告（2）

思维拓展 →

1. 请设计一款赛车，并把它画下来。

2. 请撰写赛车设计方案，并和同学们分享。

3. 请给赛车设计一则有创意的广告，然后撰写广告策划方案并绘制广告效果图。

参考文献

[1] 周宝誉，陈刚田，吴松. 汽车文化与概论 [M]. 哈尔滨：哈尔滨工业大学出版社，2018.

[2] 石启军，马文超，李延彬. 汽车文化 [M]. 沈阳：东北大学出版社，2015.

[3] 庄继德，张开旺. 汽车技术法规与法服务 [M]. 北京：机械工业出版社，2011.

[4] 黄鹏. 汽车舒适与安全系统诊断与修复 [M]. 北京：机械工业出版社，2018.

[5] 魏帮顶. 现代汽车安全技术 [M]. 北京：北京理工大学出版社，2012.

[6] 栾琪文. 汽车舒适与安全系统原理检修一体化教程 [M]. 北京：机械工业出版社，2021.

[7] 曹红兵. 汽车文化 [M]. 北京：机械工业出版社，2019.

[8] 黄关山，李洪泳. 汽车文化 [M]. 3版. 北京：人民交通出版社，2020.

[9] 袁荷伟. 汽车文化 [M]. 北京：化学工业出版社，2020.

[10] 蔡兴旺. 汽车文化 [M]. 2版. 北京：机械工业出版社，2020.